今月の言葉

「和を以て貴しと為す。
忤《さか》うること無きを宗《むね》とせよ。
人皆党《ひとみなたむろ》有り、亦達《またさと》れる者少し。
是《ここ》を以て、或は君父《くんぷ》に順《したが》わざる、
乍隣里《またりんり》に違《たが》う。
然るに上和《やわ》らぎ下睦《むつ》びて事を
論ずるに諧《かな》えば、
則ち事理自ずから通ず。
何事か成らざらん」

（聖徳太子「十七条憲法」その一）

人の和が何よりも大事である。さからわないことが一番肝心である。人はそれでも仲間をつくりたがり、道理をわきまえた者は少ない。だから、君にそむき、親にさからい、近隣の人といさかいを起こすようになる。しかし、上の者と下の者とがよく話し合い、仲よくするならば、ものの道理、ことの道筋がよく通じて、成就しないものはない。

私の宗教観

藤本義一
(作家)
Giichi Fujimoto

わが宗教観
自己が生きていく時の〝時間〟を考えること

宗教を否定しない。信教の自由があって人間の心理は安定し、そこに文化が生まれてくるからである。

ところが十数年前に日本に宗教法人がどれくらい存在するかを調べて愕然《がくぜん》となった。なんと二十二万団体という解答を得たのだ。他の職業と比較するのは難しい。全国の理容店と美容店を合計すれば、ほぼ同じ数になるのがわかった。

あなたの宗教はなにかと訊かれたなら、先祖代々から伝わる浄土真宗というだろう。親鸞《しんらん》を開祖とするこの宗教に一番近いナニカを感じるのである。五十代を過ぎてから『歎異抄《たんにしょう》』を幾度も読み、特に海外への旅に出る時は文庫一冊を持っていく。もうボロボロとなっているが、この一冊で精神的安定感を覚えるのである。親鸞の波乱に満ちた九十年の生涯と短い文の中に刻まれた言葉がクロスワードパズルの如くわが胸に棲みついている。

現在のところ〝宗教〟とは自己が生きていく時の〝時間〟を考えることだと思う。

学生時代から〝書くこと〟で生きていこうと覚悟を決めた。この時に時間とはなにかを自分なりに納得しようと思った。常識、非常識の渦の中を生きていくために一番必要なことは〝時間〟を具体的なモノに置き換える必要があると思った。あれでもないこれでもないと二年ばかり考えた結果、二十代の中頃にハッと感じた。時間というのは一枚の桑の葉であり、自分は一匹の蚕《かいこ》だということに気付いた。一枚の桑の葉を食いつづけて蚕は成長する。二十代に一枚、三十代に一枚……といったふうに食べていくなら、いつかは繭《まゆ》の中に入り、そして蛹《さなぎ》となる。蛹というのは完全変態を行う昆虫が変態の途中で栄養を一切取らずに静止状態となる。これが時間が停止する〝死〟の状態であり、その蛹が孵《ふ》化《か》して蝶や蛾になるのが死後の時間の経緯だと思った。これが五十代の半《なか》ばだった。

卵がかえるという意識を宿した時に、私は一歩わが宗教観の奥に足を踏み込んだ気がする。この考えをもったのが五十代半ばだった。その時に『歎異抄』がわが宗教の教典になったといえる。

とにかく〝時間〟の中に自分が生きているということを意識するのが〝宗教〟の本義だと思っている。ありがたい教えに感銘したというが、それに到る自分自身の時間を意識したかしなかったかが一番大切な宗教の重大部分である。その根本理念がなかったなら、どんな儀式も単なる飾り立てた祭の一種に過ぎず、自己催眠というだけのことだと思う。

わが家には常に大型犬がいるが、向うから近付いて来て、冷たい鼻先《はなさき》をこっちの鼻の頭に付けることもあれば、こちらから犬に近付いて同じ動作をする時もある。この時に真の宗教が相互の上に成り立ったと思うのである。これは、単なる信頼感かもしれないが、この単なる信頼感こそが宗教の本源だと思いつづけている。蚕、繭、蛹、蝶の意識である。

私の宗教観

江本孟紀
（プロ野球解説者）
takenori emoto

ミステリアスと宗教

明らかに失投球を王さんのような偉大な打者が凡打することもあれば、会心の球を痛打されることも――

江本家は真言宗。墓所は、四国八十八カ所霊場の三十二番札所、八葉山《たちようざん》禅師《ぜんじ》峰寺《ぶじ》（高知県南国市）のすぐ近くにある。

建立を思い立ち、生地である高知県の寺々を巡り歩いた結果、この場所に行き着いた。山の斜面にある墓地を見上げたとき、頂上に近い位置の一画が空いているのが目にはいった。のぼっていくと、なにやら清澄な空気が感じられて、ここに住んでみたい気がして、その地を選んだ。

今はなき父が、高知県警の警察官だったので、子どものころから高知県内を転々とする言わば転勤族だったが、行くところ、随所に札所と呼ばれる寺に出会った。札所とは、おもに真言宗の祖・空海にゆかりのある寺のことを指す。空海は、高知の室戸岬に立ち、卒然、補陀落《ふだらく》渡海を思い立ったといわれ、高知県には十六カ所の札所がある。といって、子どものころから宗教心に目覚めたというわけではない。ただ、時折行き交うお遍路さんの姿に好奇の視線を投げかけていたくらいのものである。

投手としてプロ野球の道に入ったのは、一九七一年のことであるが、グラウンドではしばしば、ミステリアスな現象が起きることを知った。例えば、ある投手のボールが「重い」とか「軽い」とか、表現される。硬式ボールの重さは、一四五グラムくらいのもので、ほとんどばらつきがないのに、だ。

投手として明らかに失投と思った球を王さんのような偉大な打者が凡打することもあれば、会心の球を凡打者に痛打されることもある。

長嶋さんの監督時代、しばしばその作戦を「カンピュータ」と揶揄された。いわゆる常識・定石を超えた作戦だが、それがしばしば的中する。したり顔に「確率論的に劣る作戦であったから、長嶋巨人は常勝とはなりえなかった」という向きもあるが、グラウンドにいた私たちは、ほかの思いにとらわれたものである。つまりミステリアスな思いである。なんで、そうなるのか、理由がわからないのだ。

一九五八年の日本シリーズの対巨人戦で、西鉄ライオンズ（現西武）が、三連敗の後、四連勝して見事優勝を成し遂げた。立役者は、四連投四連勝、しかも最終戦で自らサヨナラ本塁打を放った稲尾和久投手である。狂喜した西鉄ファンは「神様・仏様・稲尾様」と奉ったが、この人智を超えた奇跡的な出来事は、まさにミステリアスである。

そのミステリアスな部分、現象を説明してくれるのが、私が考えている「宗教」というものだ。宗教にはいろいろな宗派があるが、それはミステリアスな部分を説明、解説する方法、手段の違いだと思っている。

私が宗教に関心を抱き出したのは五十歳を越えた頃からである。球界の外れ者といわれたことのある私こと「エモやん」のミステリアスの追求、わが宗教は、前途遼遠《ぜんとりょうえん》である。

現代と宗教

現代社会における宗教の役割

日本国内ではいま、親による子殺しなど、
かつては考えられなかった深刻な犯罪が急増している。
一方、世界に目をやれば、戦争やテロで毎日たくさんの人が死んでいっている悲惨な現実がある。
それとは別に、環境破壊による地球の破滅も日一日と現実味を帯びてきている……。
新世紀の幕が上がってからわずか六年しかたっていないというのに、
世界はすでに世紀末的様相を呈していると言っていいだろう。
こうした混迷の度合いを深めつつある今、宗教が果たすべき役割とはいったい何なのだろう。
「それは普遍的生命観を確立することである」と、
秩父神社の宮司でもある京都大学名誉教授の薗田稔先生はおっしゃる。
先生の高邁なお話に耳を傾けたい。

薗田　稔

京都大学名誉教授　秩父神社・宮司

宗教だからこその生命論

今日は、「現代社会における宗教の役割」というテーマで、私の考えを少し語ってみたいと思います。

宗教はこれまで、魂の救済という宗教本来の領域はもとより、芸術、文化、教育、政治、福祉など、人間の営みのありとあらゆる分野と深い関係を持ちながら、さまざまな役割を果たしてきました。その宗教の現代的役割とは何なのか。今というこの時代に、宗教が果たすべき役割はいかなるものなのか。人それぞれ考えが違うので断定はできませんが、宗教の現代的役割を考えるとき、誰もが真っ先に思い浮かべるのは平和の問題ではないでしょうか。

中東紛争にしてもイラク戦争にしても、現代の戦争は宗教戦争の色彩が濃く、宗教を抜きに語ることはできません。それだけに、宗教に課せられている責任と役割は非常に大きく、宗教者は今後、それぞれの立場から世界平和のために何ができるのか、真剣に考え、行動する必要がありましょう。

それからもうひとつ、地球環境の問題も看過できない大きなテーマといえるでしょう。温暖化、砂漠化、森林破壊、オゾン層の破壊……悪化の一途を辿る地球環境に宗教として何ができるのかを考えることも、宗教者の重要な役割のひとつだと思います。

世界平和と地球環境。この二つが二十一世紀の最重要テーマになるであろうことは、誰の目にも明らかだと思います。私自身、そのことに異論をはさむつもりはありません。ただ、あえて言うなら、この二つの問題よりもっと深刻というか、より根本的な命の問題を取り上げて、きちんとした方向性を指し示す役割が宗教には課せられているのではないか、という気がしてなりません。

なぜ、平和や環境の問題より命の問題のほうが深刻かつ根本的な問題であると断言できるのか。その理由はのちほど述べるとして、私たちはまず、人の命があまりにもおろそかにされている現状を直視し、真剣に考え直す必要があります。

昨今、自殺や殺人事件が報じられない日は一日としてなく、ちょっとやそっとのことでは誰も驚かなくなっております。とくに深刻な傾向として、親が自分の子どもを殺す事件がここ数年、目立って増えてきています。子が親を殺す、いわゆる尊属殺人は昔もありました。しかし、親が子を殺す卑属殺人はほとんどありませんでした。その卑属殺人が増えているというのは、どう考えても尋常ではありません。

そうした現状を少しでも改善すべく、法律学や精神医学など、さまざまな立場からいろいろな人が発言していますが、私が思うに、人間の命をどうとらえるかという、宗教だからこその生命論が必要だし、またあるはずだし、このような問題に宗教も積極的に関わっていく必要があるのではないでしょうか。

二十一世紀は生命文明の時代

実は私は、「二十世紀が物質文明の時代であったとするならば、二十一世紀は生命文明の時代である」と位置づけて、あらゆる機会をとらえては、「これからは生命文明というものを前面に出すべきだ」と発信しつづけております。

その生命文明とはいかなるものなのか。これについて説明いたしますと、物質文明という場合、それに対応する言葉として精神文明というものがあります。「武士は食わねど高楊枝」とか「ボロは着てても心は錦」といった言葉にうかがえる、物質より精神、肉体より心を大切にしようというのが精神文明であります。

今でも鮮明に覚えていますが、私が東大の大学院を出るときに、当時の大河内一男総長が、「君たちは太った豚より痩せたソクラテスたれ」と、卒業式でおっしゃった。この訓話も精神の大切さを教えるものでありますが、物質文明の豊かさを享受しすぎるくらい享受してきた現代人に向かって、「痩せたソクラテスたれ」と言ったところで、ほとんど意味がありません。「武士は食わねど高楊枝」も、今では完全に死語になっております。

そう考えたら、物質文明に精神文明を対比させるのは少しばかり無理があります。そこで私は、生命文明というものを対比して考えるようにしているのですが、私の言う生命文明とは、個々の人間の命もさることながら、地上のすべての命を大切にしながら、生かし生かされるというエコロジカルな生命連鎖、生態系をいかに豊かにするか、というものであります。そういう方向性で新しい文明を創っていけば、過剰なまでの物質文明を軌道修正することになるし、人間を含めたすべての命を大事にすることも可能になるはずだし、さらには、人間が謙虚な姿を取り戻すことができるのではないか。そんなふうに考えております。

命は本来、親から子、子から孫へと繋がっているから命というのであって、これは人間でも動物でも、あるいはまた植物でも同じです。そうやって命を次代に伝えていくことが、本来の命のあり方であるはずです。

ところが、個の意識が強くなりすぎている今の若い人に、そんなことを言っても通用しません。近代以降、急速に世界を席巻した個人主義、あるいは世俗的なヒューマニズムとによって、命を繋がりの中でとらえる本来の発想が消え失せてしまったわけです。

「世界は二人のために」あるのではない

たとえば、私は結婚式の披露宴に呼ばれることが多いのですが、来賓の挨拶を聞いていると、新郎新婦の幸せばかりを強調する人がたくさんいます。まあ、「世界は二人のために」ということなのでしょうが、それはちょっと違うのではないか。

むろん、二人の末永い幸せを祈る気持ちはわからないではありません。が、結婚とはそもそも、次の命を生み、育てるためのものであり、そのためのカップルであるはずです。そのうえで二人の幸せを求めるのならわかりますが、スタートラインに立ったときから自分たちだけの幸せを求め、自分たちさえ幸せならそれでいいと考えているとしたら、それはちょっとおかしい。もう一度原点に返って結婚を考え直す必要があるのではないか……というような内容のスピーチをしたりすることがありますが、これが案外、通らない。なかなか理解してもらえないのです。

しかし、理解されようがされまいが、宗教が伝統的に教えてきた生命観を大切にし、世の中に広めていく必要があると私は思っております。

たとえば、神道では敬神崇祖といって、親から子、子から孫への繋がりの中で命をとらえ、一人の人間の背後には無数の先祖と神々がいると考えますが、そういう生命観、人間観における人間の命は何ものにも替えがたいほど尊いもので、いとも簡単にあやめることなど絶対にあり得ません。そういう発想が生まれてくる余地がないのです。

見直したい「いただきます」の精神

宗教が大切にしているのは、人の命だけではありません。生きとし生けるもの、すべての命を慈しむのが伝統宗教の姿勢といってよいでしょう。

たとえば、「いただきます」という日本語があります。これは一般に、お百姓さんが一生懸命につくってくれたお米だから感謝して食べましょう、というふうな意味合いでとらえられていますが、実はそうではなく、「食卓にのる命をこれから食します。神様、どうぞ許してください」という祈りなのです。

その「いただきます」ひとつ取ってみても、私たち日本人の先祖たちが、米、野菜、魚、肉など、ありとあらゆる命あるものをいかに大切に扱ってきたかわかると思いますが、「いただきます」は日本固有の言葉で、これに似たニュアンスを含む食前の挨拶は、外国にはありません。

とくに欧米人には、植物にまで命を観る日本人のような感性は見受けられません。と言うのも、バイブルで語られている生命観は徹底した人間中心だからですが、キリスト教世界で生まれ育った欧米人でも、動物の命を観るところまではいきます。しかし、山川草木《さんせんそうもく》にまで命や魂を見出す日本人の精神性は理解の外、想像すらできないことなのかもしれません。

ただし、同じ外国でもインドから東の地域には、日本人に似た感性を見ることができます。たとえば、インドには仏教と同じころに誕生したジャイナ教という宗教があります。このジャイナ教はアヒンサー、つまり不殺生戒を徹底して守ることで有名な宗教ですが、彼らジャイナ教徒は一年を腰巻きひとつで過ごします。ほとんど裸で生活しているわけです。なぜかというと、衣服を身にまとっているとノミとかシラミなどの小さい生き物がついて、知らず知らずのうちに殺してしまう。でも、裸で暮らしているなら小さな命を絶たなくても済む。ということで腰巻きひとつで一年を過ごしているのです。

それから、お坊さんが手にしている法具に払子《ほっす》というのがあります。あれは、もともとジャイナ教の教徒が持っていたものを仏教が取り入れ、今では威儀を保つために使われているようですが、本来は身の周りのカとかハエなどの小動物を払うためのものなのです。

それでも、生きていく以上はやはり、他の命を殺す罪を負わなければならない。そこで必要になるのが、許されるための祈りであり、感謝の祈りであり、それに宗教の原点があるのです。つまり、生きる以上は殺さなければならない。それを許されるためのシンボリズムとして宗教があるわけです。

生贄の意義

許しの祈りということに関していえば、宗教には燔《はん》祭《さい》あるいは生贄という、神に犠牲を捧げる重要な儀式があります。これは、洋の東西を問わずどの宗教にもみられるもので、遊牧民族では一番大事な子羊を屠って神に捧げたり、東南アジアではニワトリを燔祭として神に捧げたりしております。また中国では、牛を殺して焼き、天の神に捧げる習慣がありますが、いずれの場合でも、神に捧げるのは初子。子羊なら最初に生まれた子羊を屠って神に捧げるわけです。つまり、神の許しの下、神とともに生産したものだから、まず神に捧げ、そして神とともに食するのです。これを神人共食といいます。

日本では、動物ではなくお米です。日本人は昔から神前にお米をお供えしてきましたが、なぜ、あれほどまでにお米を大事にするのか。それはやはり、一つの命としてとらえているからですが、この場合も動物の場合と同様、初めて収穫されたお米、つまり初穂です。初穂を最初に神様に捧げ、そのお下がりを神様と一緒に食して初めて、稲の収穫と食べることが許されるわけです。

穀物を捧げる例は日本だけでなく、かつてのアメリカの古代宗教でいえばトウモロコシ。あるいはまた、ヨーロッパでも麦を収穫するときには、まず神様にお供えするということをやっておりました。それは結局、すべて命ととらえ、その命を食べることを許されるためのロジックであり、儀礼です。だから、すべての宗教に見られるわけです。

ところで、日本には動物を捧げる習慣はないのかというと、実はあります。ただ、日本の場合は動物を殺さず、生きたまま神に捧げます。これを生贄と言います。生贄とは、まさに生きた贄《にえ》なのでありまして、伊勢神宮にも残っていますが、ニワトリならニワトリを生きたままカゴに入れて、御神前に供える。それが生贄です。

これはまた、日本だけでなくインドから東には残っていて、インドのお寺に行くと、門前に鳥屋さんがあり、そこで鳥を売っています。参詣者は、その鳥を買って、鳥を放すんです。つまり、それによって殺生の罪を償おうというもので、それが日本に伝わってきたわけです。

世界に例を見ない日本人の生命観

燔祭や生贄とはちょっと違いますが、日本人の生命観で特筆すべきこととして、供養の多さが挙げられます。知らない方もいらっしゃるかもしれませんが、日本には鰻供養、魚供養、牛供養など、供養がたくさんあります。中でもすごいのは針供養、筆供養、人形供養。生物学的に命のあるものであろうとないものであろうと、自分たちがお世話になったものに対しては何でも、魂をお祭りしてしまおうというのですから、すごいとしか言いようがありません。この発想は西洋人にはなかなか理解できないでしょう。

それから、大学の医学部には必ず慰霊碑があります。おそらく、日本にかぎってのことだと思いますが、要するに、実験に使う動物の霊を慰めるために慰霊碑があるわけです。国立だろうが私立だろうが、医学部にはどこにも慰霊碑があります。医学部以外では、東京農大にもあります。やはり、実験動物を使うからで、今でも学生たちがスナック菓子なんかを供えております。

そういう生命観を日本人は持っているのです。自分たちは気づいていないかもしれませんが、お世話になった生き物だけでなく、物に対しても命を見出し、感謝をし、慰霊をする。それが日本人のDNAに脈々と受け継がれている精神性なのです。

たとえば、ノーベル平和賞を受賞されたケニアのワンガリ・マータイさんが、「もったいない」という日本語を世界に広めてくれていますが、あの「もったいない」という言葉は本来、単に物を節約するという意味だけでなく、命をもったいなく思う日本人の心が込められた言葉だったのではないか。動物にしても植物にしても、あるいは物にしても、その奥に魂を見出して大切にする。そして、お世話になったら供養する。それが「もったいない」という言葉の本来の意味ではないか。そんな気がしてなりません。

今、そういう心を取り戻せと言ったところで、無理かもしれません。しかし、そこに気づいて物を大切にするとか、命を粗末にしないとか、あるいは食卓に上る食物を見て、命の犠牲を思うとか、なんらかの形で一歩を踏み出すことが大事なのではないでしょうか。

バーチャルリアリティーの弊害

ところが、今の人はなかなか命の尊さに気づかない。と言うのも、臨終の場面や遺体を見る機会がほとんどないからです。そういうものはできるだけ目に触れないようにしているのが現代社会ですから、わからないわけです。

子どもたちなんかまさにその典型で、食べ物にしても加工されたものしか見ていない。そのため、魚なら魚、牛なら牛が生きていたということが想像できないし、殺さなければ食することができないことも理解できない。殺すというのはいったいどういう意味なのか、よくわからない。その代わり、テレビゲームで殺害ゲームばかりやっているわけです。しかも、バーチャルリアリティーですから、現実との区別がつかない。だから、人を殺しても、ゲームと同じようにリセットできるという勘違いをしてしまう。

この前、友だちを殺した女の子が逮捕されたあと、言っておりました。「何かリセットできるんじゃないかと思った」と、犯行を犯したあとにそう考えたのか、やる前からそう考えていたのかわかりませんが、とにかく命はリセットできると思い込んでいたようです。

もちろん、現代っ子のすべてがすべて、そう考えているわけではないでしょう。しかし、手をこまねいていれば、今以上に命をないがしろにする社会になってしまいます。

ですから、日ごろ口にしている魚や肉、あるいは植物にしても命があるのだということ、そして人間の命はご先祖様から繋がっているのだということを教えていかなければいけません。せめて、食卓についたときには「いただきます」と手を合わせ、犠牲になった動植物に感謝する気持ちを大切にする。その程度のことでも生命文明のひとつの方向性を指し示すことになるのではないか。そんなふうに私は思っているのですが……。

生きるモノと生きるコト

人間は、命を発見した唯一の生き物です。動物も植物もみな生き物ですけれども、生き物として命を発見したのは人間だけです。ということはつまり、生きるとはいったいどういうことか、死ぬとはいったいどういうことか、殺すとはいったいどういうことか、ということを実存的に人類始まって以来、人間は、問いつづけているわけです。

それがアニミズムのベースになっているのでありまして、人間には肉体だけでなく魂がある、魂と肉体との繋がりで生があるんだ、そして、肉体がなくなっても、魂は存続するんだ……というふうに考えてきたわけです。

最近、スピリチュアル・ライフということで、霊的な事柄がはやっていますが、端的に言えば、命に霊性を回復させるのが宗教の第一の役割ではないか、私自身、そう考えているのですが、これは頭で考えるほどやさしいことではありません。

と言うのも、科学にしても技術にしても、あるいは医学にしても……、医学などまさにそうなのですが、およそスピリチュアルな部分を認めずに今日まで発展してきているからです。医学なんか、人間の命を〝生きているモノ〟としてのレベルでとらえて、盛んに死と闘っておりますが、決して〝生きているコト〟としてのレベルで考えようとしない。

コトというのは生きることであり、生きることは殺すことであり、同時に必ず死ぬことでもあって、実存的な意味を持っている。つまり、コトというのは自分自身が生きることであるわけです。ところが、モノというと客体化して、第三者の命になってしまう。と同時に、生きているという現象でしかとらえない。生きる前、つまり誕生する前とか、あるいは死んだあとの問題は欠落してしまうわけです。

それに対してコト、つまり生きることとなると、生まれる前のことはともかく、生きることは死ぬことであり、確実に死に近づくことである。そういう実存的な、つまり自分の命の問題になる。

宗教は本来、客観的な文化でも文明でもありません。まさに自分自身の問題として、生きることはどういうことかということを人類始まって以来、考えてきた。それをどうやって乗り越えるかという工夫のひとつが、宗教というシンボリズムなわけですが、それは今でも決して色褪せてはいない。しかも、生きるモノではなく生きるコトと考え直していけば、まさに自分たちの問題になる。われの命、われわれの命であって、彼の命とか、誰それの命ではなくなるはずです。

実は、そういう中でそれぞれ宗教は、生きることをどうするのかという問題をさまざまな角度から説いてきているし、伝えてきているのですが、今は、そういう部分があまりにも欠落している。別の言い方をすると、霊性が欠落していると言わざるを得ません。

ＷＨＯ（世界保健機関）なんかでも、いわゆるフィジカルヘルスとメンタルヘルス、つまり生理的な健康と心理的な健康だけを問題にしてきて、スピリチュアルヘルスはまったく問題にしてきませんでした。人間の健康は心身という二つのレベルで検証できる、としてきたわけです。ところが、最近になってスピリチュアルヘルス、いわゆる霊的な健康を入れなければならないのではないか、と。そういう意見が理事の中から出てきている。まだ決定はしていないということですけれども、これは全人類的な問題でもありますから、ぜひ、その方向での論議を深めていただきたいと思っております。

ポイントになる「草木国土悉有仏性」の精神

先ほども少し触れたように、日本では今、家庭の中で、あるいは社会の中で毎日、殺人事件が起きています。まるで日常茶飯事となっていて、一人や二人殺された程度では驚きもしなくなっています。なぜ、そんなことになってしまったのか。

理由を考えると、やはり、命をモノとしかとらえていない物質文明がその根底にあると思われます。そういうときこそ、宗教が発言しなければならないのですが、宗教の発言力は弱い。要するに、宗教が宗教になっていないわけです。そのへんを反省しながら、これからは命の問題を文明の問題として強く打ち出すことで、人間だけでなくこの地上の生命システムを守っていかなければならないのではないか、というのが私の考えです。

世間一般では、地球のシステムを守るというとすぐに環境問題と結びつけて、どうやったら人間が生き残るかということを考えがちです。しかし、人間はたくさんの動植物の連鎖の中、エコロジカルサイクルの中で生きているわけですから、人間だけが生き残るシステムを考えたところで意味はありません。

それに対して、小さな命、大きな命、そして人間の命がみんな連鎖していると位置づける生命文明というとらえ方をすれば、本当の意味での環境対策というか、真に有効な環境対策が考えられるはずです。

それからもうひとつ、世界の人々が命の連鎖を大切にするようになれば、当然のことながら、殺し合いなんかおかしい、というふうになるでしょう。そもそも、戦争にしてもテロにしても、人類しかしません。自分たちの欲望や理念なりのために人を殺すのは、人類だけです。考えてみれば実に愚かなことですけれど、命は縦にも横にも繋がっているんだという考えに立てば、戦争やテロもできなくなるに違いありません。

今、熾烈な戦いをしているイスラム教にしてもユダヤ教にしても、あるいはキリスト教にしても、根本には命の問題をどう克服するか、という命題があったはずです。その原点にまで立ち戻って、命を大事にすることは人間を大事にすることだけでない、食料にしている牛や豚も大事だし、草木にも命があるんだよと、そういうところまで言ってほしいというのが私の切る願いです。

そういうことが言えるのは、まずはアジアの宗教でしょう。先ほども言ったように、インドから東の地域では動物だけでなく植物にまで命を見出しております。とくに、日本までくると山川草木すべてに魂が宿っているという考え方が根付いておりますので、日本の宗教および文化の役割は非常に大きいものがあると思います。

「草木国土悉有仏性《しつゆうぶっしょう》」という言葉があります。草木国土のすべてが仏性、すなわち霊性を持っている、というのがこの言葉の意味するところでありますが、これからの世界の平和と環境問題を考えるとき、この「草木国土悉有仏性」がひとつのキーワードになるのではないでしょうか。

個人主義的宗教の台頭

私は今、世界宗教者平和会議のメンバーとして活動しておりますが、世界の宗教を概観すると、命を連鎖的、複合的にとらえる従来の宗教と、個々の命を切り離して考える宗教の、二つの流れがあるように見受けられます。

先だって、ベニスの国際会議に出席した際、ベニスの大学で日本宗教を研究している一人の学者と、日本の新々宗教について話す機会がありました。

日本の宗教の現状についてよく把握している彼が言うには、日本の新々宗教のひとつの特徴は非常に個人主義で、自分のことだけ考えて、自分の幸せだけを考える傾向が著しいことである、ということでした。家族や地域との繋がりの中で幸せを求めるのではなく、自分なりの幸せ、安らぎを求める。そういう個人主義というか、自己中心的というか、そういう精神が新々宗教を支えているのではないかと彼は言っておりましたが、それは何も日本だけの現象ではなく、イタリアでも若者たちは伝統についての関心を失っていて、それぞれ勝手に生きている、ということでした。

そんな話をしているところに、ロシアからの学者が加わってきて、ロシアも一緒だ、ロシアでオウム真理教があんなに盛んになった背景には、伝統を見失った個人主義の台頭があるのだと、盛んに言っておりました。

　どうやら、ヨーロッパや日本などの先進社会の若者たちが個人主義的な傾向に走りつつあるのは間違いないようです。

宗教の危機

　そういう世界の現状を踏まえて、今後の宗教の役割を考えると非常に難しく、それぞれの宗教の特色を生かしてやらざるを得ないと思います。

　神社神道の私の立場から少し申し上げると、全国には八万数千社の神社があって、それぞれが地域社会の中でまがりなりにも宗教法人として存続しております。ある意味、非常にアナクロな存在ではありますが、地域のコミュニティーの核として、共同体としてもう一度、人々の心を繋げていくのがひとつの理想でありまして、実際、そうやっているつもりです。具体的には、神道の祭りや信仰を通じて、すべての命を大切にしましょう、そして、命に恵まれることに感謝しましょうという祈りと感謝、これは今でも続いております。

　ただ個人的には、今という時代に一番の危機感を抱いております。終戦直後、神道界では盛んに危機が叫ばれておりました。たしかにあのころは、戦争を始めたのは神道だ、という誤解でＧＨＱが動いていて、国家神道廃絶などということが言われておりましたので、そういう意味で政治的な危機感があったのですが、むしろ、今の時代ほど危険な、深刻な時代はないのではないか、というのが私個人の考えであります。

　というのも、戦後の教育の中で宗教の教育なんかおよそなかったからです。それどころか、神道は危険である、というような教育しか受けていない。その結果どうなったかというと、今の日本を背負っている五十代、六十代の人たちが一番、日本の文化を理解する素養に欠けてしまった。戦後の反宗教的な雰囲気によって、宗教については気味悪いものだという意識を植えつけられ、それに加えて、オウム真理教とか、ああいうカルトというか、秘密結社みたいな宗教団体が出現したことによって、なおさら宗教を忌避するようになってしまった。

　本当は求めているはずです。これから死に直面するわけですから、心のどこかで命の問題、魂の問題を考えているはずなのですが、その解答を宗教に求めようとしない。彼らにとって、宗教はタブーなのです。

すべてのベースになる生命文明

宗教のタブー化。その原因は戦後教育にある、というふうに申しましたが、その根本的な原因を探っていくと、実は、戦後教育よりはるか以前にあります。これをお話しすると、大学の講義みたいになってしまいますが、生命文明というものの理解を深めていただくために、本稿の最後に少し述べてみることにいたしましょう。

さて、私たちは今、宗教という言葉を何気なく使っておりますが、これは江戸時代まで日本にはなかった言葉です。仏教の中では使っておりましたが、一般では使われておらず、明治に入ってから翻訳語として使われるようになったのです。しかも、翻訳した言語はプロテスタントのものだったから、結果的に、新教徒の宗教論がそのまま日本に入ってきたわけです。

戦国時代の、いわゆるキリシタンというのは旧教徒です。したがって、キリスト教の中でも本来のオーソドックスというか、かなり包括的な概念を持っていました。ところが、幕末から明治にかけて日本に入ってきて、宗教という概念の基礎になったのは主にプロテスタントの発想、つまり、信仰とは個人のものである、という発想なのです。そして、それがそのまま法律用語となり、学問、思想に受け入れられたため、明治以降の日本人の頭の中には、信仰は個人のものでなければならないという観念がびっしりと植えつけられてしまったわけです。

それまで日本人が営んできた宗教は、もっと多元的、共同体的であったのですが、これによって大きな変質を強いられたという歴史的事実を私たちはきちんと理解しておく必要があります。

そのうえで話を進めると、近代化というものの大きな傾向として分析的ということが挙げられます。つまり、近代化を進めたのは合理化と分析化であったわけです。

真実を真実たらしめるためには、夾雑物を排除して、物を仕分けして考えなければいけない。ディファレンシエーション（細分化）という言葉がありますが、物が未分化で混ざり合うというのは近代的ではない、合理的ではない。少しでも混ざり合っているものはまがいものだという発想があって、だから、たとえば神仏分離になった。千年以上の歴史を持っていた神仏習合を分けなければいけないという発想は、近代化、合理化の発想以外のなにものでもありません。一人の人間が二つの宗教を、質の違う宗教を混淆しているとか、あるいは社会の中で二つの宗教が仲良くしているのはけしからん、という発想が近代化の中にあるわけです。ヨーロッパの近代化もまったく一緒です。

なんでもかんでも分けていけば真実に当たる、ということで、最終的には原子核になるわけですけれど、夾雑物を取れば真実に当たるという近代化の発想によって、ホーリスティック、つまり全体論的にとらえる発想は排除されてしまった。その結果、すべてが分極化してしまって、学問でいえば、専門化、細分化してしまって、全体が見えなくなってしまった。

たとえば、医学の分野でも医学的、生理学的にどんどん分子生理学まで行っています。何か、分子や原子に命があるような、あるいは脳だけにあるような、そういう発想ばかりがモノを言うようになってしまい、脳をすげ替えれば命が繋げるかのような話になる。その結果、脳が死ねばほかの臓器は物でしかないのだから、死ぬ前に取ってしまえといって脳死移植をする。命をホーリスティックに、全体的にとらえるのではなくて、ある部分に還元してしまう。そうやって、本当の命が見えなくなってしまうわけです。

生命文明という発想は、それとは一八〇度違います。命なら命をまず全体的にとらえ、その次に部分を見ていく。あるいは、モノを繋げて全体を考える。そのときにはやはり、事実よりシンボリズムが必要なのです。シンボリズムというのはモノではなく、コトとして表現していくわけですから、そうすると、モノを乗り越えて、その奥にあるもの、あるいはそれを超えたものにリアリティーを感じることができる。それがシンボリズムです。

たとえば、「神様がこう言っている」などと言うと、その言葉がシンボルになっているから生きるわけですね。

ところが、近代科学になると記号論が出てきました。言葉は記号だ、情報伝達は記号だ、という考え方が出てくると、シンボルの意味が消えてしまうのです。そういう記号論ではなく、もっと包括的な、豊かな想像力の世界を再構築することが大切で、そういう意味ではそれぞれの宗教が持っているシンボル・システムをもう一度、見直す必要があるでしょう。

私は何も神道だけを考えているわけではありません。専門は比較宗教学ですから、仏教のことも考えているし、キリスト教、イスラム教のことも考えております。そういうことで、あっちに行ったりこっちに行ったりしているのですが、宗教一般の働きの中で非常に重要なのはやっぱり生命をどう包括的に、全体論的にとらえるか、ということであり、そうやって命を大事にすることが環境にも繫がり、平和にも繫がるのだと考えております。平和、平和と言うけれど、何のための平和か。そこをしっかりと見据えなければならないのではないでしょうか。

宗教人からのメッセージ

「世のなか　安穏なれ」混迷する日本社会に向けて発信される「親鸞聖人七百五十回大遠忌」の意味

鎌倉時代、社会の底辺の人々にまで仏教を広めた親鸞聖人。
その親鸞聖人を宗祖と仰ぐ浄土真宗本願寺派（西本願寺）ではいま、
親鸞聖人没後七百五十年に当たり、平成二十三年からの「親鸞聖人七百五十回大遠忌」の法要を行うべく、さまざまな準備に取り組んでいる。
日本を代表する大教団、浄土真宗本願寺派はどのような考えで
七百五十回忌を迎えようとしているのか、
そして、混迷する日本社会に向けて、
何を、どのように発信しようと考えているのか。
「親鸞聖人七百五十回大遠忌法要」事務所・前所長の本多隆朗氏に聞いてみた。

本多隆朗
浄土真宗本願寺派　称名寺住職

聞き手＝編集部

親鸞聖人七百五十回忌の意義と取り組み

……　西本願寺さんではいま、親鸞《しんらん》聖人の七百五十回忌の取り組みをなされているということですが、まずはそれについてお聞かせください。

本多　平成二十四年一月十六日は、宗祖親鸞聖人の七百五十回忌に当たります。そこで私どもでは、今から四年後の平成二十三年四月より、「親鸞聖人七百五十回大遠忌法要」をお勤めすることになっているのですが、それに向けて四年ほど前から準備に取りかかっているところです。

……　その準備とは、どのようなことをなさるのですか。

本多　それにつきましては私の口から説明するより、「七百五十回忌大遠忌について」というご門主様の御消息というものがありますから。

……　御消息というのは？

本多　要するに手紙です。その御消息をご門主様が全国一万六百の寺院にお出しになったわけです。私どもの宗派は、大きく分けて府県単位で三十一教区があり、それを地区に細分化して五百三十三組《そ》、さらに一万六百カ寺があるという、ピラミッド型の組織体になっているのですが、そうした全国の組織にご門主様が御消息、つまりお手紙を出されたわけです。その中で、七百五十回大遠忌の趣旨に関して次のように述べられています。

「私たちの先人は厳しい時代にも宗祖を敬慕し、聴聞に励まれ、愛山護法の思いとともに、助け合ってこられました。この良き伝統を受け継がなければなりません。しかしながら、今日、宗門を概観しますと、布教や儀礼と生活との間に隔たりが大きくなり、寺院の活動には門信徒が参加しにくく、また急激な人口の移動や世代の交替にも対応が困難になっています。宗門では、このたびのご法要を機縁として、長期にわたる諸計画が立てられ、広く浄土真宗が伝わるよう取り組むことになっています」

さらに続けて、

「七百回大遠忌（昭和三十六年）に際して始められた門信徒会運動、重要な課題である同朋運動の精神を受け継ぎ、現代社会に応えうる宗門を築きたいと思います。そのためには、人びとの悩みや思いを受け止め共有する広い心を養い、互いに支え合う組織を育て、御教えを伝えなければなりません。あわせて、時代に即応した組織機構の改革も必要であります。

それとともに、各寺各地で勤められる大遠忌法要を契機に、その地に適した寺院活動や門信徒の活動を、地域社会との交流を、そして、寺院活動の及ばない地域では、一層創意工夫をこらした活動を進めてくださるよう念願しております。宗門の総合的な活動の新たな始まりとして、皆様の積極的なご協賛、ご協力、ご参加を心より期待いたします」

これに窺えますように、各寺院で法要をお勤めしていただきたい、というのが大きな一つのポイントですが、この御消息に基づいて各寺院、各地域で何ができるのか。そして、単に法要を勤めるだけではなくて、現代社会、あるいは各地域とさらに向き合って、活動を展開していっていただきたいという願いが込められているわけです。

……　趣旨はわかりました。具体的にはどのような取り組みをなさっているのですか。

本多　一つは大遠忌法要の修行です。これは平成二十三年四月から二十四年一月まで行うことになっています。この期間中、七月・八月・十二月を除く各月の九日から十六日まで……十六日は親鸞聖人のご命日なのです……その一週間前から一日二回、朝十時と午後二時と二回法要を修行し、七月・八月は青少年を対象とした法要や行事を行う予定です。平成二十四年一月にはご正忌報恩講が厳修されます。

また、大谷本廟での予修法要も修行されます。予修法要というのは、親鸞聖人のお墓があります大谷本廟で、三日から一週間ほど執り行う法要でございます。

……　そのための準備を進めていらっしゃるのですね。

本多　はい、そのとおりです。しかし、単に法要を勤めるだけでなく、これを機に対外的活動をより広めてもらいたいというのが、ご門主様のご意向ですから、その方面の準備も進めております。

具体的には、「新たな始まり（明日の宗門の基盤づくり）」というコンセプトの下、「教学・伝道の振興」「寺院活動の推進」「社会的活動の展開」「次代を担う人の育成」「宗教機能の整備・充実」の五項目が計画として挙げられておりまして、たとえば「寺院活動の推進」では、寺院の活性化対策と、過疎・過密対策がうたわれております。要するに、地域に適した寺院活動の展開をお願いしたい、というような考え方で進めているわけです。

…… ずいぶん多岐にわたった取り組みをされているのですね。

本多 「新たな始まり」ということで、これを機に宗門発展の基盤をつくらなければなりませんからね。

…… それを向こう四年間で達成しようというわけですか。

本多 ですから、あと四年あるとみるか、もう四年しかないとみるか、それは人それぞれでしょうが、私どもとしてはかなり焦っているというか、限られた時間の中でいかに気運を盛り上げていくか、ということに集中的に取り組んでおります。

「世のなか 安穏なれ」の意味するもの

本多 現在、多くのメディアを活用して大遠忌法要の広報宣伝活動を行っているところです。また、大遠忌記念出版物・門前町周辺地域の記念行事なども検討しております。さらには、協賛行事として、人口の多い全国の都市部での法要や行事が計画されています。

広報活動といえば、ポスターができあがりましてね。

…… 拝見しました。なかなか目立ついいポスターですね。「世《よ》のなか 安穏《あんのん》なれ」という大きな活字がありましたが、あれはどういうメッセージなんですか。

本多 「世のなか 安穏なれ」というのは、大遠忌法要に向けたがスローガンです。一昨年（平成17年）の十月に全国的に募集したところ、五百通を超える応募がありまして、その中から選んだものです。

ポスターに掲載されている「安穏」という漢字は、親鸞聖人がお書きになり、残されていた文字に、二十カ所ほどコンピュータ処理したのです。

八百数十年前、争いと社会不安に満ちた鎌倉時代を生きた宗祖親鸞聖人が、命がけで述べられたお言葉「世のなか 安穏なれ」を採用したのは、現代という時代もやはり、鎌倉時代と同じような様相を呈してきているのではないかと、そういう思いで採用いたしました。

昨今、殺人事件が頻発するなど、世の中、殺伐《さつばつ》としていますよね。一言でいえば、不安の時代というか……。

……　ここ数年、これまで体験したことのないような凶悪犯罪が続発して、殺人事件も珍しくなくなってしまいました。そういう問題についても、親鸞聖人の教えに基づいて取り組んでいかれるのでしょうか。

本多　私が思いますのに、今、問われているのは戦後六十一年、お金中心、物中心でやってきたことではないか、と思います。たとえば、ライブドア騒動、あるいは村上ファンドなどもそうですが、すべてカネ、カネ、カネ。それも、汗水垂らして稼いだお金ではない。にもかかわらず、現代のサクセス・ストーリーとして社会全体がもてはやす。十代、二十代の若い人がもてはやす分には、わからなくもありませんが、三十代、四十代の人まで一緒になってもてはやしていたのですから、私どもの立場からみたらどう考えてもおかしい。これが、この戦後六十一年の一つの現象であろうと思います。

　昔は子が親を殺すことはあっても、親が子を殺すことはなかった。また、男が女を殺すことはあっても、女が男を殺すことも滅多にありませんでした。今は大変な時代ですね。人間社会が地獄の様相を呈してきたのではないかと、そんなふうに思われてなりません。それは、今、申し上げたように、お金と物だけを追い求めてきた結果だと思います。ある意味、アメリカ社会の悪いところばかりを取り入れてしまったのですね。

　仏教では五濁《ごじょく》の世界……劫濁《こうじょく》・見濁《けんじょく》・煩悩濁《ぼんのうじょく》・衆《しゅ》生濁《じょうじょく》・命濁《みょうじょく》といいますが、いまはまさに社会全体が濁ってしまっている。劫濁、すなわち時代が濁り、見濁、すなわち思想が濁り、煩悩濁、煩悩が極みに達し、衆生濁、一般の人々がメディアを通して濁り、命濁、命が濁って寿命が短くなっていく。

　日本はいま、女性は世界一、男性は世界第二の長寿国ですが、今がピークでしょうね。環境問題、食糧問題そのほかで、だんだん短命になっていくのではないでしょうか。

　今という時代、何よりも大事なのは心の安定です。私自身、還暦を超えてから思うようになったのですけれど、年をとって誰もが願うのはやはり、わが子、わが孫、わが家の安全・安心ではないでしょうか。

　ところが実際には、なかなか思うようにならない。わが子すら思うようにならない。自分の夫、あるいは

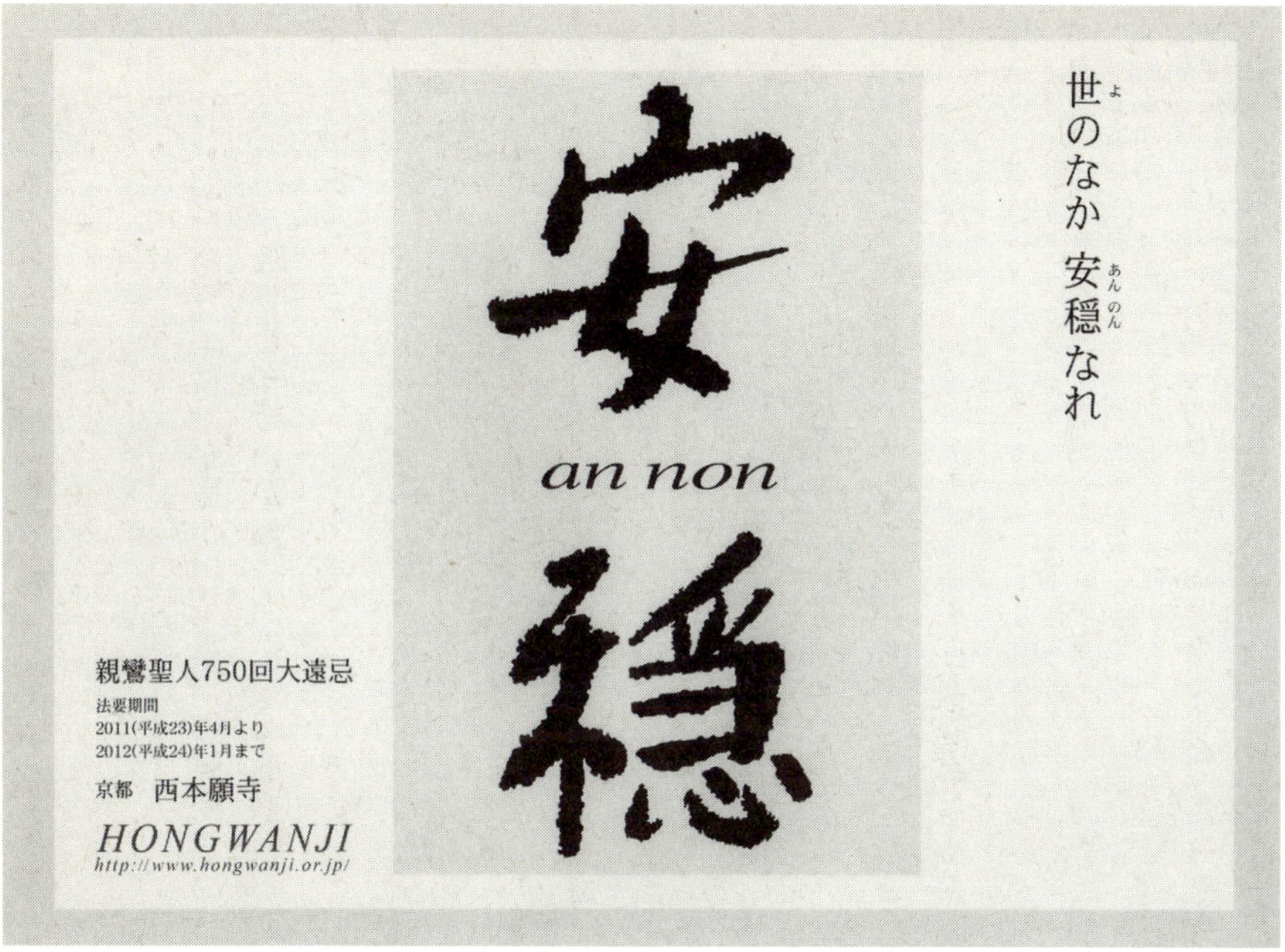

自分の妻すら思うようにならない。そういう家庭も少なくないと思いますが、それはなぜかというと、一つには家庭の中心として、仏様に手を合わせる場所がなくなってしまったこと。これが理由の一つではないかと思います。

いま、団塊の世代に向けて

本多　戦前までは、手を合わせる場所が家庭の中心にあったのですよ。ところが戦後は、手を合わせる相手が銀行になり、お金が神様、仏様になってしまった。世の中がおかしくなったのは、その結果ではないかと思いますね。

もちろん、政治もおかしくなってきたし、経済界も問われている。しかし、本来一番しっかりしなければならないのはわれわれ宗教界です。宗教界はもっと情報を発信しなければいけない。とくに、四年後に親鸞聖人の七百五十回忌を迎えるわれわれはそのことをしっかりと自覚する必要がある、と考えております。

今年から団塊の世代が六十歳を超えます。団塊の世代が第二の人生を歩まれる。そのとき、相当迷われるのではないか、とくに男性は戸惑うことが多いのではないか、と思います。なぜなら、企業の一員であったばかりでなく、転勤などが多いので自分の住んでいる地域社会との接触も少ないから、定年後はそういうことも問われてくるでしょう。

　それから、年金問題も含めて、経済的にも決して安定ではない社会になりましたね。

……　まさに不安の時代です。

本多　これは私個人の考えなのですけれど、大遠忌法要までの五年間は六十歳を迎える人を、親鸞聖人のお教えを伝えていくターゲットにしたい、と考えているのです。

　親鸞聖人の教え、浄土真宗の教えは本来、一般社会に受け入れられやすいのです。お坊さんも髪の毛を生やし、姿、形は一般社会の人と変わりませんからね。ところが実際は、なかなか一般社会に浸透していない。なぜか。禅宗と比較すればわかりやすいのですが、禅宗では座禅を組んで瞑想《めいそう》し、悟りを遂げようとしますよね。悟りを云々するほど専門的ではなくても、座禅や瞑想には何か精神衛生上プラスの効果がもたらされる、というイメージがあるではないですか。

……　禅は若い人にもけっこう人気があります。ストレスが解消されたという人も多いですね。

本多　ところが、浄土真宗にはそういう姿や形で見えるものがない。入ったら病気が治るというようなことはないのです。その代わり、奥が非常に深い。一生かかって見えてくる、感じてくる、ひたすら信じていくというのが教えなのです。

浄土真宗、三つの教え

本多　私ごとになりますが、私もご多分に洩れずお寺に生まれました。ところが、学生時代はお寺を継ぐのが厭《いや》で厭でたまりませんでした。なぜ厭だったかというと、難しい・古い・暗いというイメージがあったからなんです。それで、学校を卒業してからは兼職という形をとって放送局に勤めていたんですが、五十歳で辞めて、こちらの本山にご縁をいただいて、住職の道を歩むようになったわけです。
　浄土真宗の教えには三つの柱がありまして、一つは悪人正機、もう一つは他力本願、そして三つ目が浄土往生。この三つが根幹になっているのですが、言葉で理解するのは簡単でも、実感するとなると本当にむずかしい。

一番目の悪人正機。これは親鸞聖人の教えの大きなポイントでありますが、ご存じのように、悪人でも救われるのだという教えです。では、救われるのなら何をやってもいいのかといえば、決してそうではない。罪を犯したらちゃんと罪を償わなければいけない。しかし、人間は誰でも、状況によっては人殺しさえしかねない。戦争なんかまさにそうですね。ですから、悪人正機というのは罪を憎んで人を憎まず、大事なことは、御仏《みほとけ》の前では誰でも平等で、誰でも救われていくのだと、親鸞聖人は自らを悪人として位置づけられた。これが浄土真宗の教えと、頭の中で理解できたのが二十歳代でしたね、私の場合。

二番目の他力本願。これはよく間違った解釈をされるのですが、他力というのは他人、あるいは他の力ではなくて、阿弥陀さんの力なのですね。西方浄土に生まれ変わるとそこでお会いできる阿弥陀如来様。ご本尊なのですけれど、阿弥陀様の智慧と慈悲がすなわち他力。

……　いわゆる他人任せというか、無責任な態度が他力本願ではありません。

本多　そうです。本当の阿弥陀様の願い、つまり本願寺の本願をわれわれがしっかりと受け止めていく。それがわれわれ浄土真宗の一番の根幹の部分です。念仏を唱えるということ、そして念仏によって救われていく、というのが本来の他力本願なのです。

その「南無阿弥陀仏」の六字の名号は、わかりやすく言うと、感謝するということです。人への感謝、親への感謝から始まって、あらゆるものに感謝する。大いなるものの力を信じていく。その他力本願という言葉がようやく理解できたのが四十代でした。

二十代、三十代のうちはやはり、まだまだ自力というか、自分の可能性をそれなりに見出せるのですが、四十代になると人様の力はもちろん、お魚や植物や、いろんな命をいただいて、私があるという、他力のありがたさがわかってきた。仏様の大いなる命に包まれているということを理解したのが四十代後半だったと思いますね。

……　お寺で生まれ育った人でも、そんなに時間がかかるのですか。

本多　そのとおりです。小さいころから慣れ親しんできた教えでも、体感するには時間がかかるのですよ。

そして、六十代になって見えてきたのが、三つ目の柱、浄土往生ですね。なぜ、六十代になってわかってきたのかと言えば、要するに先が見えてきたわけですよ。

……人生の終焉が近づいたと？

本多　おそらく、団塊の世代もそうだろうと思うのですが、定年をむかえると、次に自分を待ち受けているのは定命であることに気づくのですね。つまり、命には限りがあるということです。今の日本人の平均寿命、男性が七十八歳、女性が八十五歳ですから、仮にいま、六十歳と仮定すれば、男性はあと十八年しかない。その死の前に迫ってくるのは老いですね。髪の毛は薄くなる、目は老眼で見えにくくなる、歯は入れ歯でものが噛めなくなる、足腰が弱って歩くのさえおぼつかなくなる、内臓は弱る。そうやって老いと向き合い、病と向き合い、そして最後に死と向き合う。

……それは誰にも避けられませんね。

本多　戦後六十一年で見事に欠落していたのが、この「老病死」なのですよ。これがなかった。仏教の原点はもちろん「生老病死」の四苦なのですが、「老病死」がなく、生だけあった。アメリカの社会を模倣してきたから。

アメリカはまさに生の国です。だから、アメリカ大統領は若くなければならない。逆にいえば、アメリカ社会では年を取ったらあかんのです。病気になってもあかん。若くてリーダーシップを取らなければ、まるでダメなのです。

それを真似してきたのが、戦後の日本です。ところがここへきて、六十歳以上が四人に一人を占める高齢化社会になった。ということは、年寄りこそがむしろ大事になってきたということで、実は仏教の原点はそこにあるのです。約二千五百年前、お釈迦様が長老を大事にし、以後、仏教世界では長老をことのほか大事にしてきたのです。

ところがいまは、コンピュータ社会になって、年寄りの経験も智慧も不必要だというふうになってしまった。極端にいえば、老人なんか必要ない、と。ここが誤りなんです。

死んでお終いではない

本多　経済でも情報でも、コントロールするのは若者です。三十代、四十代ですよね。テレビ番組なども、その年代の人がつくっております。そうすると、六十歳以上の人がこれからどう生きるかという指標にならない。頼りにならない。

そこで出てくるのが親鸞聖人の教えだろうと思います。先ほど言いましたように、三つの柱の最後に出てくる浄土往生。浄土に生まれ変わる。残りの人生をしっかりと、われわれの専門用語でいえば、「後生の一大事」残りの人生で一番大事なこと。それはお金を貯めたり、家を買うことではない。もちろん、子どもを育てることも大切ですが、最後に病気になって死んでいくわけですから、それをどう乗り越えるか、また、乗り越えられるか。

これが仏教の原点でもあり、浄土真宗の大きな教えの一つでもある、浄土に生まれ変わるということなのです。

……　死んでお終《しま》いではないということですね。

本多　おっしゃるとおり、死んでお終いではない。でも、いまの世の中、死んでお終いなんですね。アタマにきた、キレたといっては簡単に人を殺す。殺したらええやないか、人間、死んだらお終いなんだ、と。自殺者も近年は、毎年三万人を超えているのは、悲しいことです。

亡き人もまた私の命であり、私の命を支えてくれているのです。おじいちゃん、おばあちゃん、自分の連れ合いを亡くしても、その命は私の命として、いまなお支えてくれているのです。

それが仏様の力、阿弥陀様の光であると気づかせていただく。それこそがわが家の仏壇であり、お寺参りであり、お寺さんのお話なのですね。

だから、とくに浄土真宗は今後、浄土往生というところを大きなポイントとして訴えていかなければならないのではないか、今、そういう大きな波がきているのです。

俗にいうブームですね。

慈愛の心を目覚めさせる

本多　戦後はどちらかというと、同じ仏教でも法華経の教えが広がっておりました。それはやはり、生きるということを強く訴えるからであり、戦後の時代背景に合致したと思います。

それに対して浄土真宗の教えは、「安穏」に示されるように、安らかに、穏やかに、が阿弥陀様の願いですからね。仏教用語でいうと「慈愛」です。

アメリカ一辺倒でやってきたこの六十一年は、愛情なのです。仏教は慈愛。慈しむ愛、これは思いやり、優しさなんですね。もちろん、そこには男と女の愛もあるのですが、愛情の世界にはその対極に憎しみがある。しかし、慈しむ愛には憎しみがないのですね。

……　愛情と慈愛は違うのですか。

本多　そうです。慈愛は愛情プラス信じることですね。ですから、六十を超えたら相手への思いやり、優しさということを余計に考えなければいけないのではないか、と思います。

少欲知足は「もったいない」の心から

本多　そのほかにも、浄土真宗の素晴らしいところがあるのです。われわれは四年後に親鸞聖人七百五十回忌を迎えるわけですが、それは単に記念の儀式を行うだけでなく、五十年後の八百回忌、あるいは二十一世紀末を展望する一つの時期であろうと位置づけております。

その際、一つのキーワードがあります。大無量寿《だいむりょうじゅ》経《きょう》に出てくる「少欲知足《しょうよくちそく》」。これが今後、非常に大きな意味を持ってくるのではないかと考えております。

アメリカは、大量生産・大量消費の国です。国が大きいからそれでもやっていけるのでしょうが、日本は小さいし、狭い。その違いを認識せず、戦後このかた、ひたすらアメリカの真似をしてきた結果、物余り現象を招いてしまった。食料品なんか、賞味期限が過ぎたらどんどん捨てています。これほどもったいない話はありません。この「もったいない」という言葉を日本人はすっかり忘れてしまっていた。けれども、ノーベル平和賞を受賞されたケニアの環境副相のワンガリ・マータイさんが京都議定書関連行事のため来日したとき、「もったいない」を知り、それを契機に、「もったいない」という言葉が世界的に使われるようになりました。「もったいない」という精神の背景には何があるかというと、仏教の「少欲知足」。足るを知るなんです。その「少欲知足」の精神と「もったいない」という言葉をもっと発信し、日本人の原点に戻らなければならないのではないか、そうしないことには、日本は今後、成り立っていかないのではないか、私はそう考えております。

私たち日本人は、仏教をいただいてきた歴史があるわけですから、この際「もったいない」という言葉と、その奥にある「少欲知足」という精神をもう一度見直し、一人ひとりがわが家に取り入れていくにはどうしたらいいのか、これが今後の大きなテーマではないでしょうか。

心の時代に世界が目覚めるとき

本多　もう一つのキーワードとして「和顔愛語《わげんあいご》」というものがあります。これもお経の中に出てくる言葉なのですが、仏教を日本に広めた聖徳太子は「和をもって貴しとなす」、和こそ最も尊いものなんだとおっしゃった。

それに対して世界史を見ますと、常に喧嘩をしてきたのは、キリスト教やイスラム教の社会です。たとえば、イラク戦争に関しても、ブッシュ大統領は宗教戦争ではないと言っていますが、私に言わせれば宗教戦争です。

……　たしかにそういう一面があるのは否定できませんね。

本多　キリスト教、あるいはイスラム教は一神教ですから、常に神か悪魔かの二者択一を迫られる。だから、どうしても攻撃的にならざるを得ないのでしょうけれど、仏教の場合は相手を認める「和」を尊びます。その意味でも、世界平和を築いていく責任が仏教にはあると思います。

そのためにも、われわれ僧侶がもっと世界に向けてコメントしていく必要がある。そのキーワードの一つが、先ほど申し上げた「和顔愛語」。和やかな平和な顔で、相手を思いやる優しい言葉で、これが重要になるのではないかと思います。

最近、私が得た情報では、インドではこのごろ仏教が勢いを盛り返しつつあるそうです。インドはご存じのように仏教の発祥地です。しかし、ヒンズー教をはじめ、いろいろな宗教が盛んで、仏教はいっとき、火が消えたようになっていたのですね。遺跡はありますけれど、インド仏教は本当に下火になっておりました。ところがこのごろ、さざ波の如く仏教が蘇りつつある、と。

……それはあまり知られていませんね。

本多　アメリカ社会も、このところ大きな変化が見られるようになってきて、これから五十年、いや十年先ぐらいには、アメリカの日本化が進んでいくのではないかと言われております。その背景にはニューヨークの9・11事件があって、あれでイラク戦争になったのですが、いつまでも「目には目を、歯には歯を」的なことをやっていていいのか、もう少し日本を見直そうじゃないか、という気運が高まりつつあるそうです。

ではなぜ、日本を見直すのか。一言でいえば、日本が世界一の長寿国だからなのです。だから、アメリカではいま日本食が急激に広まっているわけで、そういう意味も含めて、私は、アメリカの日本化と申し上げているわけですが、金で行き詰まり、煩悩で行き詰まったら、最後は心。先ほどから申し上げているように、「老病死」ですよ。ここに世界が目を覚ますときが、もうすでにきているのではないか、そう思いますね。

仏教を見直す時代が来る

本多　問題は、大国の中国とインドなんです。中国はいま、北京オリンピックに向けて大変な経済成長を遂げていますね。日本も東京オリンピックのとき……ちょうど親鸞聖人七百回忌の前でしたけれども……一四%という経済成長を遂げましたけれど、いまの中国も同じくらいの勢いで成長しております。

やがてはその反動として、お金だけではないという か、お金で行き詰まるときが必ずやってくるはずです。そのとき、中国からわが国に伝えられた仏教、あるいは、孔子・孟子の道徳的思想などを見直す動きが出てくるのではないか。もう五年先にはくるのではないかと思っております。

先ほど申しましたように、インドが仏教をもう一度、見直そうとしている。そして、中国も遠からず自分たちの古来の文化を見直すときがくるでしょう。ということはとりもなおさず、長きにわたって日本人が心の拠りどころとしてきた仏教、心の支えとしてきた仏教が世界的に見直される時代がやってきたと言えるのではないかと思います。

……仏教再興の時代がやってきた、ということですか。

本多　そういう意味で、私どもにとってはいい時代になりつつある、と思います。皆さんは環境問題、食糧問題でご心配だろうと思うのですが、私どもにとってはまさに末法の時代というか、新たなる希望の時代ですね。

仏教的にいえば、蓮はどろどろの五濁の世界に根をはりながら、美しい花を咲かせるわけですから、もっと濁ったらいいのですよ。濁ったらいいなどと言ったら叱られそうですが、日本はもう大分ドロドロになりましたから、これからです、蓮の花が咲いてくるのは。だから、チャンスだと申し上げているのですけどね。

一般寺院ももっと外へ向かえ

……いまおっしゃったような非常にわかりやすいお話を、門信徒の方々はもちろんですが、もっと一般に向けて発信していく必要があると思うのですが。

本多　おっしゃるとおりです。たとえば私の場合は、たまたまですけれど、京都のＫＢＳでラジオのレギュラーをやっております。これからは私だけでなく、浄土真宗のお寺さんも含めて各宗派それぞれが、情報化社会にのっかっていく必要があると思いますね。

これまでのお坊さんは、お寺に来た人を相手に話はしてきました。しかし、外に向かっては、してこなかった。最近では瀬戸内寂聴さん、その前は高田好胤《こういん》さんとか、さらに古くは今東光さんとか、一般社会にアピールされている方もいましたが、言うなれば一握りの大物だけでした。

しかし、これからは、一般寺院も地域に門戸を広げ、地域のリーダーシップを取る、精神的リーダーシップを取る、ということをやっていかなければいけない。

そして、究極的にはそういう力を結集して日本の国の政治までも動かす、と。現状を考えたら、とてもむずかしいことのように思えますが、決して不可能なことではありません。

とくに、四年後はチャンスです。テレビ放送が四年後に地上波がなくなってデジタル化されますね。これが一つの大きなチャンスなんです。なぜなら、価値観が変わるからです。

日本の近現代史で大きく変わったのはまず明治維新です。それから第二次世界大戦。今度のデジタル化が平成二十三年。いみじくも親鸞聖人七百五十回忌のときです。

このときに何が変わるかといいますと、テレビメディアがガラッと変わる。戦後の日本社会を支えてきたテレビ。その放送のあり方が、ソフトを含めてガラッと変わるのです。これは、白黒からカラーになったとき以上に大きな変革をもたらすと思います。その意味でまさに平成維新。親鸞聖人の七百五十回忌は平成維新。心の大きな転換点を迎える年であると位置づけていいのではないか、そういうふうに私は思っているんですけれどね。

構造改革と同時に日本人の意識改革を

……たとえば、自殺者の数はこの五年以上、三万人を下回ったことがありません。実に、一日百人近い人が自殺している計算になります。なにゆえに、そんなにもたくさんの人が自殺するのか。経済的な理由もさることながら、精神的なものが相当大きいということが、調査によって明らかにされております。それを考えたら、構造改革もいいのですけど、やはり、いまこそ日本人の精神改革というか、意識改革が必要だと思います。そういうところをもう少し啓蒙してもらうと、世の中、かなり変わると思うのですが。

本多　そのためには、私はよく言うのですが、お坊さん一人ひとりが、「あの人に会いたいな」と言われるくらい魅力ある人間にならなければダメですね。ところが、そういう育てられ方をしてこなかったのです。

ここらで、政界、経済界、宗教界を含めて、お金一辺倒、経済一辺倒のやり方を見直し、戦後六十一年の総括をする必要があるのではないかと思います。というより、そういう機運が巡ってきていると言ったほうがいいでしょう。藤原正彦さんの『国家の品格』という本がベストセラーになっているのも、そういう背景があってのことだと思います。

日本という国をもっと見直すには仏教、とくに私どもの浄土真宗、親鸞聖人の教えをもう一度、皆さんに学んでいただいて、そして、お寺さん側もマスメディアとともに地域の人々とのご縁を広げていっていただきたいと、そういうふうに考えております。

…… お寺さんが地域の人々との触れ合いを大事にするというのは、非常に重要なことだと思いますね。

本多 われわれも、そういう相談相手になれるような僧侶が減ったということも問われているのだと思います。ひとつ門戸を開いて、これを機会にもっと政治家にも接していかなければいかんというふうには思っています。

仏壇はホームチャペル

本多 実は私、首都圏で浄土真宗の拠点を広げるべく、二年間ほど東京へ行っていたんです。悲しいことですけれど、私どもの教団は極端にいうと、箱根の山を越えてないんです。四千万を超える人が集まる一都八県に、拠点が少なすぎるということで、昭和三十年代後半から動き出しているのですが、なかなか簡単にいかないのですね。それでも、首都圏で広げねばならないと、動いてはいるんです。

仏壇、あるいは仏間の問題ですが、これからは新婚家庭に仏壇を置くように、仏壇業界にも働きかけているところです。

とくに問題なのは、やはりマンションですね。昔はどこの家にも仏間がありました。農村、漁村では例外なくありました。ところがいま、都市部のマンションであるのはリビングと台所と子ども部屋くらい。旦那さんの部屋と仏間は消えてしまった。家の主である夫の部屋と、心の主の仏間をもう一度、取り戻さなくてはいけない。小さくていい。コンパクトな仏壇でもいいのです。長男でなくても、あるいは家族が亡くならなくても、心の拠りどころとして仏壇を備え付けてほしいですね。

日本だけですよ、家に仏壇があるというありがたいことは。アメリカにはないですよ。アメリカ人はみな教会へ行きますから。わかりやすくいえば、ホームチャペルが日本にはあるわけですよ。それを、宗派を超えてもっと普及させていけば、命の大切さに気づき、あらゆるものに感謝する気持ちが生まれてくるでしょうし、結果的に殺人や自殺という問題も解決されていくのではないでしょうか。

…… なるほど、それは非常に大事なことだと思います。そういう取り組みも含めて、ぜひとも、日本人の心の改革を成し遂げていただきたいと思います。どうもありがとうございました。

宗教人からのメッセージ

日本神道の伝統に沿いながら八百万《やおよろず》の宗教を習合し大成した神道大成教

日本固有の宗教である神道。
その神道とは何かと欧米人から問われたとき、明快に答えることは非常に難しい。
神道には、欧米の宗教には見られない、日本人独自の深い神観、宗教観が反映されているからだが、
日本人の宗教観とはそもそもどういうものであるのか、
そして神道の課題とはいかなるものであるのか。
神道十三派の一つである神道大成教の飯田典親管長にお話を聞きながら浮き彫りにしたい。

飯田典親
神道大成教・管長

聞き手＝編集部

教祖・平山省斎と神道大成教の成立

……　教派神道にかぎらず、宗教団体には普通、教義がありります。洩れ伺ったところによりますと、神道大成教には教義がないということですが、本当でしょうか。

飯田　私どもは『古事記』『日本書紀』に基づいた伝統的な神道の考え方に則っております。そういう意味では教義はない、ということになります。

……　神社神道に教義がないのはわかります。が、教派神道であるにもかかわらず教義がないというのは非常に不思議というか、ちょっと理解しにくいのですが、なぜ、教義がないのですか。

飯田　そのへんをご理解いただくには、私ども神道大成教の成立の経緯と、教祖である平山省斎《ひらやませいさい》先生の思想と申しますか、考え方をご説明しなくてはなりません。

　神道大成教の教祖・平山省斎先生は江戸末期から明治にかけて活躍された方でして、生没を申しますと、お生まれになったのが文化十二年、西暦一八一五年。お亡くなりになったのが明治二十三年、西暦一八九〇年です。

　福島県の三春町にお生まれになった省斎先生は少年時代、出家して僧侶になる夢を抱いていたそうです。しかし、両親に反対され、結局、役人になって国家や民衆のために生きようと決心されたと伝わっております。

　その後、江戸に出てきた省斎先生は、三十四歳のとき縁を得て、望みどおり幕府の役人になられます。ちょうど、ペリーが浦賀に来航したころで、幕府が上を下への大騒ぎをしているときに役人になったわけです。で、新任の省斎先生も、命を受けて浦賀に赴き、事務方としてペリー一行の応接を担当しております。そのほか、ロシアやイギリスなど諸外国の使節団、といっても、実態は恫喝《どうかつ》ですよね。国を開かねば大砲をぶち込むぞ、というのですから。そういう連中を相手に、省斎先生は辛抱強く樽俎折衝《そんそせっしょう》を重ねられたようです。

　そして、類まれな外交能力を買われて、最終的には外国総奉行、いまでいう外務大臣として幕府のために働かれました。

……　教祖様は高級官僚だったのですか。

飯田　そうなんです。あのまま徳川幕府が続いていたら、能吏として歴史に名を残されたのではないかと思われますが、ご存じのとおり、徳川幕府は一八六七年に瓦解してしまいます。

そうなると、幕臣であった省斎先生は明治新政府の敵でしかなく、すぐさま蟄居《ちっきょ》を命じられ、省斎先生は徳川慶喜《よしのぶ》と一緒に静岡に流されることになるのですが、静岡で禊教《みそぎきょう》と出合われるのです。

……ここから、教祖様の宗教家としての歩みが始まるわけですね。

飯田　おっしゃるとおりです。

……静岡で出合われたという禊教というものは、どういうものなのですか。

飯田　禊教というのは井上正鐵という方が始められたもので、詳しくはわかりませんが、省斎先生が習得なされた修法は、中心になるのは呼吸法で、いまでいう腹式呼吸です。息を吸ったら臍下丹田《せいかたんでん》に入れ、出すときにはスーッとゆっくり出しなさい、と。吸って吐いて吸って吐く。それを正座あるいは椅子に座って五十回やるのですけれど、それが根本の修法なのです。

……禊教というのは健康法を教えているのですか。

飯田　たしかに健康法です。いま現在、何々式健康法という名前で呼吸法を教えているものがたくさんありますが、その元となっているのは禊教の呼吸法。ほとんどがこれをベースに発展させたものといって間違いありません。

しかし、禊教の呼吸法は単に健康になるためのものではなく、そこには、自然への感謝、神への感謝の気持ちを大切に、という教えがあります。

私たち人間は、呼吸をすることで生かされているわけでして、もし空気がなかったらどうなるのか。太陽がなかったらどうなるのか。水がなかったらどうなる、と。そういうことを考えたら、私たちは神様に、そして自然に生かされていると言わざるを得ない。そこに感謝の心というものが出てくるわけですね。

そういう感謝の気持ちは、神道系の宗教団体ならどこでも教えていると思いますが、とりわけ私ども神道大成教では感謝の心を強調しておりまして、すべて感謝しなさい、と。

平山省斎を突き動かした文化的危機感

……　静岡で禊教と出合われたあと、どうなさったのですか。

飯田　平山省斎先生は蟄居から四年後、許されて東京にお戻りになります。で、明治新政府から出仕するよう求められるのです。何といっても、外国総奉行を務めた方ですから、新政府としてもその能力を活用したかったんでしょうね。

……　省斎先生は何とお返事されたんですか。

飯田　絶対に厭だ、と。

……　断られたのですね。徳川家に対する忠誠心が断らせたのでしょうか。

飯田　それもあると思いますが、もう一つ大きな要因として考えられるのは、やはり、神様の世界へのあこがれでしょうね。省斎先生は、さんざんドロドロとした政治の世界を見てきたわけです。外国との交渉だって、騙《だま》す騙されるの連続でしょう。そういうのはもうたくさんだ。それより、純粋な神様の道に後半生を捧げたい、そういう気持ちが強かったのでしょうね。

それから、もっと大切な要因として外国総奉行時代に見聞した諸外国の情勢が、省斎先生をして神様の道に進ませることになったのではないかと思います。

どういうことかと申しますと、外国総奉行として諸外国の公使などと折衝する中で、省斎先生は、外国の威力というか、脅威をまざまざと感じたはずなのですよ。それで、早急に国力を富まさなければならない。と同時に、外国の文明・文化に負けない精神的な柱をつくらなければいけない。それを怠ったまま開国したら、大変なことになる、と。

当時の耶蘇《やそ》教、キリスト教ですけれど、彼らの布教力はすさまじいものがあったといわれておりますから、それをご覧になって非常なる危機感をお感じになったのではないかと思います。

……　外交官に後戻りするよりは、宗教の世界から日本の国を守ろう、ということですか。

飯田　そういうことだろうと思います。新政府にもそのあたりに対する警戒心はあったようで、開国後まもなく、国家神道ということで従来の神社を国の管理下に置き、祭祀は国家中心で行うようにすると同時に、民間の信仰集団に対しては、「あなたたちも許可するから、どんどん布教活動をしなさい」と奨励したわけです。

そういう流れの中で、いわゆる神道十三派が次々と認可を受けていったのですね。

……　その神道十三派というのは、黒住教、神道修成派、出雲大社教、扶桑教、実行教、神道大成教、神習教、御嶽教、神道大教、神理教、禊教、金光教、天理教さんですよね。

飯田　そのとおりです。私どもは明治十五年に認可を受けております。期せずして國學院大学の設立と同じ年に認可を受けたのですね。

神道大成教教祖　平山省斎

ゆるやかなネットワーク的教団組織

……　そのときの神道大成教さんの実態はどのようなものだったのですか。

飯田　それをご説明するには話を戻さなければなりませんが、新政府からの出仕の要請を断った省斎先生はその後、埼玉県大宮に鎮座まします氷川神社の大宮司、そして東京・赤坂の日枝神社の祠官《しかん》を務められました。そのかたわら、民間の神道系の神社や教会に呼びかけて、これを習合し、集大成しようとされたのです。

……　だから、神道大成教と名乗られたのですね。

飯田　そうです。いま申しましたように、氷川神社の大宮司、そして日枝神社の祠官を務めるなど、当時の宗教界の頂点を極めたわけですから、普通ならそこで満足するはずです。ところが、省斎先生はそうではなかった。

……　文化的危機感に突き動かされる形で、さまざま

写真＝春秋社／刊「鎌田東二／著『平山省斎と明治の神道』」より

な神道系信仰集団を集大成し、外来の宗教に対抗しようとなさったわけですね。
飯田　おっしゃるとおりです。
……　なるほど、それでわかりました。神道大成教は天理教や大本教のように、教祖の啓示というか神体験によって始まった宗教ではないんですね。中山みきさんや出口ナオさんのお筆先を見ると、そこには神様の切実なる思いのたけが語られていますけれど、神道大成教の場合はそれに類するものはないし、そもそもそういうふうな成り立ちではないのですね。
飯田　まさにそのとおりで、実態は？　と問われると返答に窮してしまうわけですけれども、たとえば天理教さんと比較すればわかりやすいと思います。天理教さんの場合はどこを切っても、天理教ですよね。ところが、神道大成教では、切る場所、切る角度によってはお稲荷さんも出てくるし、禊も出てくる。つまり、種々雑多なのです。
……　言わば、寄り合い所帯ということですか。
飯田　寄り合い所帯といわれると、抵抗がないわけではありませんが、正直なところ、実態はそれに近いところがあります。

もちろん、省斎先生存命中は大変な結束力を誇り、神道十三派の中でも一目置かれる存在だったと聞いております。しかし、先生亡きあとは求心力が低下し、省斎先生のときには二百数十あった構成団体は、いまでは四十五を数えるまでになってしまいました。ほとんどが自然消滅です。

……　言ってみれば、ゆるやかなネットワーク的な教団組織なのですね。しかし、無理やり強制しないというか、来る者拒まず去る者追わずというか、そういうあり方こそ本来の神道の精神に近いのではないでしょうか。

飯田　私もそう思っております。多神教の神道は寛容ですよね。だから、ゆるやかなネットワークでいいのではないか。道は、志のある者が継いでいけばいいのではないか、そんなふうに考えております。

……　神道大成教としての独自性というものもあるのでしょう。

飯田　それは修祓《しゅばつ》ですね。省斎先生がおつくりになった祓い詞があるのですが、それを神道大成教の各教会・神社で使うくらいで、そのほか、たとえば祝詞《のりと》にしても、「これを使わなければなりません」というのはありません。みなそれぞれ、小さいながらも教祖を持っていて、それを集大成して神道大成教としたわけですからね。

……ところで、神道大成教の教務庁は、宗教法人天照山神社分祠の教務庁と兼ねていますよね。それはどういうことなのですか。

飯田　それもいま言った理由と同じで、神道大成教という独自の教務庁を構えることができないものですから、天照山神社分祠の事務所に置いているわけです。天照山神社分祠というのは、私の団体なのです。その上に神道大成教があって、いくところがないものですから、神道大成教の教務庁をここに置いているわけです。

で、毎年、一月と九月の十二日が大成教のお祭りでして、そのときはこの天照山神社分祠の神殿で、春、秋の大祭を行い、五月には、湯河原にある天照山神社の奥宮で行っております。そのように、神道大成教自体の祭礼は各教会・神社の神主が集まって祭礼をやるわけです。

……ところで、飯田さんはいま、神道大成教の管長を務められていますが、その管長というのはどのようにして決めるのですか。

飯田　四年に一度、選挙で決めるのです。平山省斎先生が初代、私は十六代管長です。四年ごとに改選があるのですが、具合が悪いからやめさせてくださいとか、あるいはお亡くなりになるとか、そういうときに選挙があるというのが実態で、「ほかに立候補する人もいないから、引き続いてやってください」「わかりました。じゃあ、やりましょう」といった感じですね。

……わかりました。それから、ちょっとお尋ねしにくい話ですが、下部組織の神社や教会からお金はたくさん入るのですか。

飯田　全然入りません。一応、義納金というのがありますが、それだって一教会年間一万円程度、ほかに教師義納金があり、本当に微々たるものです。

……それは一団体一万円ということですか。

飯田　そうです。

……いまの時代、年間一万円というのはちょっと信じられないような額ですね。

飯田　質素倹約を旨としておりますからね。ほかの教派神道さんの中にはものすごく羽振りのいいところがありますが、うちは質素でも、皆さんに喜んでいただければそれでいいと。

…… まさに、ゆるやかなネットワークといった感じですね。

飯田 おっしゃるとおりです。

神道的寛容さと感謝する心を忘れた日本人

…… 話は変りますが、いまの日本の状況を見ておりますと、やはり神道に求められているものがあると思うのですね。日本は多神教の国でありますけれど、その中でも神道は教義のない宗教で、非常におおらかですよね。それはそれで素晴らしいと思うのですが、現在、毎日毎日、考えられないような凶悪な事件が起きています。これはやはり、宗教的情操といいますか、そういうものが欠落した結果ではないかとも考えられるのですが、そのことについて神道大成教ではどのように考えていらっしゃるのか、ざっくばらんにお聞かせください。

飯田 神道大成教が云々というより、私自身、当然のことながら危機感は持っております。そういう問題に対してどう対処したらいいのか、明快に答えることはできませんけれど、原因についてはある程度理解しているつもりです。

はっきりいって、神道的な寛容さと感謝する心、この二つを忘れたところに原因があるのではないかと、私はそう思っております。

今の世界は常に戦争による殺戮《さつりく》が繰り返されている、一神教による宗教戦争の時代です。自分たちの宗教が正しい、他の宗教を信じる者は間違っている、だから殺してもいいのだと。なぜそこまで、自分たちの信仰にこだわるのか、私には理解できません。

そういう現代人に比べて、昔の日本人は本当におおらかでした。たとえば、お釈迦様の仏教が中国から入ってきたとき、日本人はどういう態度をとったのか。それはそれでまたいいじゃないかと、ごく自然に受け入れたのですね。儒教も道教も受け入れましたね。いいものなら、何でも受け入れたわけです。

そういう日本人の気質というのは、もうＤＮＡに刷り込まれているのかどうかわかりませんけれど、日本人にはもともと神というものに対して自然に敬う素地があったのです。神があるから私たちは生かしてもらえているのだという心があった。われわれの年代までは、そういう心がありました。

たとえば、私どもは惟神《かむながら》の道に生きておりますけれど、成田山のそばへ行けば成田山にお参りする。あるいは京都へ行ったらあちこちの仏閣にお参りする。それはもう、日本人が自然にやってきたことなのです。

神社、仏閣だけではありません。われわれの時代はどの家にも神棚があって、朝は眠くても必ず手を叩いてお参りした。あるいは、よその家に行って仏様をお祀りしていたら、素直な気持ちで手を合わせた。そうするのが当たり前だったのですね。

ところがいまでは、そういう当たり前だったことが当たり前ではなくなってしまった。

私どもは外回りといって、信者さんのお宅へ行ってお祓いをするのですが、そのとき、ご主人、あるいはおじいちゃん、おばあちゃんがおられる場合は一緒になってお参りします。しかし、お子さんたちや若い人がお参りすることはまずありません。昔だったら、孫まで並ばせて一緒にお祓いを受けてお参りしたものですけれどね。

……　そうですね。いまは核家族化といいますか、同居しませんから、そういう意識が薄れてきているのでしょうね。

飯田　そういう意味で、家庭での宗教活動とまでは言いませんけれど、自然に手を合わせるという感謝の気持ち、そういうものがなくなってきたから、世の中、殺伐としてきたのではないか、そう考えております。

教育と子どもの問題

飯田　それからもう一つは、こういうことを言っては失礼なのですが、教育がよろしくない、と思います。私は昭和十二年生まれで、終戦のときは小学校三年でしたけれど、そのころの先生といったら、それは尊敬できる先生ばかりで、一生懸命に教えてくれましたよ。それこそ自分の時間なんかない、いつも生徒のことを考えて一生懸命にやってくれた。ところが、われわれが大人になったころの先生ときたら、自分らの要求を通すためにストライキをするんですからね。学校の先生がストライキをするなんて、いったいどういうことだろうと思いますよ、われわれの世代は。

……　教師は聖職者ではない、と。

飯田　そうです。その結果、家庭でもダメ、学校へ行ってもダメ、と。たまに熱血漢の先生がいると、寄ってたかって叩く有り様ですからね。暴力はよくないのですけれど、子どもを教育するときには厳しさも必要です。

私なんか小学生のころ、しょっちゅう白墨をぶつけられておりました。いまは、その程度のことでも親が騒ぎますからね。叱ることもできないようになったら、教育なんかできません。何でもかんでも褒めてばかりで、やりたいことをやらせていたら、子どもなんて好き放題やります。

善悪の分別がまだできていないのですから、そこをきちんと教えなければいけませんよね。

……　神道大成教ではなくて、たとえば飯田さんのところでは、信者さんが集まる場所で何か教えたりなさるのですか。

飯田　神様にお参りするということに関して、一日と十五日、月に二回でいいですから、お榊《さかき》を替えてください。お水は必ず毎朝替えて手を合わせるようにして、そのようにきちんと神様にお参りする姿をお子さんたちに見せることで、感謝の心を植えつけましょう、といった話はいたします。

別に、神様への感謝でなくてもいいのです。自然に感謝するのであってもいいのですよ。われわれは自然に守られ、神様に守っていただいているのだという気持ちでお参りするということを教えることによって、表へ出ていっても自分は守られているんだという気持ちを持つことができる。そういう気持ちがあるのとないのとでは、全然違うのだ、ということを家でご指導してください、とお話ししております。

そういう生活習慣を親から子どもへと繋いでいくことが大切なのですね。そうすることによって、どこの神社、仏閣に行っても、自然にやるようになります。ご自分のところでできない人がよそに行ってもできないですよね。

昔は、鳥居の絵が描かれた塀があちこちにありましてね。立ち小便をされては困るということで鳥居の絵を描いたのですよ。終戦直後は、そこらで立ち小便をする人がいっぱいいたわけです。それをいちいち口で注意するのは面倒だから、鳥居の絵を描いたのです。鳥居があるところでは、当然のことながら立ち小便なんかしない、そういう精神を誰もがみな自然と身につけていたのです。

いまは鳥居を描く人はいないし、よしんば鳥居の絵があっても、「何だ、これは」で終わりでしょうけれどね。

時代が変れば変るんでしょうけれど、宗教というか、感謝の気持ちが薄れてしまったのが、いまという時代ではないか。そこにいろいろな問題の一番の原因があるのではないか、私はそう思います。

やはり、子どものときから感謝することを教えなければいけない。生かしていただいていることに対する感謝ですね。

ご飯が食べられるのも、学校に行けるのも、親が働いているからなのだ、という感謝の気持ち。ところがいまは、「なぜ俺を産んだんだ、勝手に産みやがって」なんていう台詞を口にする子が多いらしい。感謝する気持ちを植えつけないからそうなるんです。

「誰に食わしてもらっているわけじゃない、俺は一人で生きているんだ」と言う人がいるかもしれないけれど、じゃあ、空気はどうなのだ、と。タイタニック号ではないですけれど、船が沈没したら死んでしまうわけですよ。やはり、自然によって生かしてもらっていることに対する感謝、これを忘れてはいけませんよね。

その自然を、私たちの場合は神という名前で呼ばせていただいているだけであって、私たち人間は誰もがみな生かしてもらっている。だったら、今日一日、また精一杯努力しようじゃないか。せっかくいただいた命なのだから、大事にしようじゃないか、という心が芽生えてくる。

そうやって自分の命を大事にしたら、人の命も大事にするようになるのです。

昔は兄弟が多かったから、年中、兄弟げんかをしておりました。その中で、ここまでは大丈夫、これ以上はダメという、いわゆる程度というものを学んでいったわけです。だから、人殺しなんかはもちろん、大ケガをさせるようなけんかは絶対にしなかった。

ところが、いまの若い者ときたら、キレたといったら何をするかわからない。程度がわからないから、死ぬまで殴ってしまう。あるいは面白半分で叩いたりする。そんなことをしたら死ぬだろう、ということがわからない。痛みがわからないのですね。

……生徒だけでなく、親も先生も、そういう子が大きくなって、親になり先生になるわけですからね。

飯田　世の中、本当におかしくなってしまいましたよね。

人は死んだら みな神様になる

……　それからいま、靖国問題がかまびすしく言われておりますね。総理大臣の靖国参拝をめぐって中国や韓国などからいろいろと非難をされております。また、日本国内でも賛否両論あるようです。これについて神道ではどのようにお考えになるのか、個人的な見解でけっこうですから、お聞かせ願いたいのですが。

飯田　私自身は、個人として参拝するのであれば、総理大臣であろうと誰であろうと、非難することはできないし、止めることもできないのではないかと考えております。

東條英機さんをはじめA級戦犯の皆さんが祀られているから、靖国神社へ行ってはいけませんよ、というのが反対している人たちの言い分だろうと思います。

私ども教派神道である神道大成教の立場からいうと、泥棒であろうと人殺しであろうと、亡くなったときにはみんな神上がりして、神様になって元の向こうに帰られてしまうのだから、この現世での問題はチャラ。チャラという言葉はよくありませんが、亡くなられた方はみんな神様になって戻られる。

閻魔様のいる地獄に行くとか、そういうのではなく、誰でも神上がりして神様になるから、この世にいたときのことは関係ない、というのが私どもの考え方ですから、靖国神社さんがそういう方々をお祀りしていることについては、個人的には全然、不自然に思いません。

東條さんにしたって、神様になっていらっしゃるのですから、私たちは全然気にしていません。だから、よその国が何と言おうが、神道大成教の立場からいえば、靖国さんは当たり前でありまして、A級戦犯も何も関係ない。

しかも、日本の憲法で保障されているのですから、小泉純一郎さんがお参りしようと、それは関係ないのじゃないですか。

公人としてお参りするのでなく私人としてお参りしますと、ご本人が言っているかぎり問題ない、と。内閣総理大臣として玉串を捧げたりしたら、問題視されるでしょうけれど、個人で行く分には何ら問題はないのではないでしょうか。

……では、お伊勢さん、伊勢神宮はどうですか。

飯田　私個人は参拝いたしますが、神道大成教としては行きません。それぞれ自由にお参りされているのではないかと思います。

お伊勢さんも内宮で天照皇大神様を祀られていますが、私どもも同じく祀っております。まあ、上に行くとみんな同じですから、どこにお参りしても同じことでありまして、私どもはどこへでもお参りします。近くの明治神宮さんなんかも、よくお参りさせていただいておりますけどね。

……　神道というのはやはり寛容なのですね。今日は、日本の神道、日本の文化の真髄を聞かせてもらったような気がいたします。ありがとうございました。

＊編集部からのお願い
次号より、「ブックレビュー」のページを設けます。取次ぎ各社から公表される情報はチェックしておりますが、宗教に関連する本を出版された時は、左記の編集部まで、出版された本に編集ご担当者の一言コメントなどを付け、お送りいただければ幸いです。ご協力、よろしくお願い申し上げます。

「現代宗教評論」編集部

〒一六七－〇〇五三
東京都杉並区西荻南二－二〇－九
たちばな出版「現代宗教評論」編集部　宛
TEL〇三－五九四一－二八七五
FAX〇三－五九四一－二三九八

宗教人からの
メッセージ

こころの教育は
喫緊《きっきん》の課題
あるべき宗教教育とは

戦後六十年、ひたすら物質的豊かさを追い求めてきた日本人は、心を置き去りにしてきた。

凶悪事件が頻発する今日的状況を招いてしまったのはその結果であると、多くの人は考えている。そして、これを解決するには心の教育が不可欠であるということも、衆目の一致するところである。

では、どのように心の教育を施していったらいいのか。

また、教育改革の担い手である国会議員たちはどう考えているのか。

衆議院議員でもあり、日本キリスト教団和田山地の塩伝道所・牧師の土肥隆一氏に忌憚のない意見を伺ってみた。

土肥隆一
牧師・衆議院議員

聞き手=編集部

キリスト教との出合いのころ

……　土肥さんは牧師さんですが、キリスト教との出合いを教えてください。

土肥　私の生家は薬屋でしたが、宗教的には何かを信仰しているとかいうことはなかったですね。お寺の檀家でもありましたし、同時にお稲荷さんも信仰しておりましたから、ごくごく一般的な日本の家庭でした。そんな中で育ったわけですから、私自身、宗教にはほとんど無関心、真剣に考えたことなどなかったと思います。

ところが、高校三年生のときに洗礼を受けたのです。宗教に無関心だった少年がなぜ、突如として洗礼を受けることになったのかというと、思春期特有の悩みですね。そういう時期ってあるでしょう。

昭和三十三年はまだ貧しい時代でした。社会に少しばかり元気が出てきたころでしたが、そのころ私は、悩み多き高校生活を送っておりました。私の気質的な問題もあったのか、自殺願望になったんですよ。もう生きている価値はない、社会を見ても希望はないと、そういう思い込みで、自殺しようと考えるようになった。

しかも、不幸なことにわが家は薬局でしたから、毒物・劇物の保管されているロッカーがある。鍵のある場所も知っているわけです。医学、薬学の本もたくさんありましたから、読み比べてどれが効くかを調べまして、本気で自殺を考えていた。その中で、比較的持ち運びしやすい、タブレットになっている薬を密かに盗み出し、小さな缶に入れて持ち歩いていたのです。

そうこうしているうちに、教会に行ってらっしゃった近所の奥さんが、「隆ちゃん、教会に行ってみない？」と、声をかけてくれたのです。

そのときは、宗教で救われようなどとは全然考えていなかったし、興味もなかった。でも、熱心に勧めてくれるので、教会へ行くようになったのです。

洗礼を受けたあと、「あなたが実に寂しそうに見えた」と、その奥さんが言ってくれたのですけど、よく観察してくれていたと思います。そういうこともあって、私は教会のいろいろな行事に全部参加しました。そのうち結局、人間とは何なんだということを考えるようになったのです。

神の前に立てば、みんな罪があるんだ、不完全なんだ。でも、自分は悪くはない、ほかが悪いのだと、それまではずっと思っていたのです。家族が悪い、社会が悪い、何が悪い、と思っていました。

ところが、教会に足しげく通うようになってから、自分の内面を見つめていくようになり、「ああ、私もやっぱり罪のある人間だ」ということに気づいたのです。

罪をどう解決するかということで、キリストが出てくるわけです。キリスト教は、罪ある私の身代わりに十字架にお架かりになったというメッセージですから、ああ、そうだったのか、キリストがもし、十字架に架かってなければ罪の問題は永久に解決しないだろうな、と思いました。そして、ひとたびキリストを受け入れると、自分の罪を十字架に投影して、どうやってこれを克服していくのか、というところに入っていくわけです。

最後はキリストの十字架の死による許し。つまり、「あなたの罪はそれ以上考えても解決しない」、あるいは「考えたところで、何にもならない」、じゃ許してもらいましょう、ということで信仰を持つに至るわけですね。

そのときは、ちょうど受験勉強の真っ最中でしたけれど、洗礼を受けたあとすぐに、自分は牧師になるという決断をして、三鷹にある東京神学大学に入り、六年間勉強して、卒業後、牧師になったのです。

私とキリスト教との出合いをかいつまんでお話ししたので、うまく伝わらなかったのではないかと思いますが、当時は真剣でした。

悩みが深刻だったから、死ぬことばかり考えていたのです。そういう意味で私の場合、キリスト教との出合いで本当に救われました。

……土肥さんのように、深刻に悩み抜いた末に入信される方はたくさんいらっしゃるんですか。

土肥　たくさんはいないと思いますが、中にはいます。そういう人の信仰は強いですね。やはり、救いを実感している分だけ、ちょっとやそっとのことでは折れないんですね。

危うい日本的曖昧さ

……　土肥さんは政治家として、あるいは一牧師として、今の日本の宗教の実情をどのようにご覧になっているのかをお聞かせください。

土肥　それについては、二つの側面から見るべきだと思います。

一つは、八百万の神というか多神教というか、特定な宗教に固執しない日本人の体質。新興宗教の中にはかなり固執している団体もありますけれども、一般的にいったら日本人は固執しませんね。

よく言われるように、赤ちゃんが生まれたときは神社にお参りし、結婚するときには教会に行って、死んだらお寺に行く、そういうことに抵抗感がないのですね。

それから、日本の宗教人口を合算すると、総人口の二倍くらいになるんです。ということは、曖昧《あいまい》な宗教心しか持っていないということであり、さらに掘り下げれば、宗教に対するある種の不信感があるのですね。

特定の宗教に凝り固まってはいけない。深入りしてはいけない。深入りすると、抜けられなくなるとか、そういう宗教に対する不信感が流れていますね。

逆に言うと、特定の宗教を持っていないということは、深く宗教を見ていないし、自分の内面も真剣に見ていない、ということでもありますよね。何宗でもいいからどこかの宗教に深く入って、そこで学び体験したことに基づいて、ほかの宗教にも理解を深めていくというか、他宗教との人間交流が必要だと思っているのですが、宗教を深く見たことのない、見ようとしない日本人にはそれができない。

日本人の精神状況は、言うなれば、水泳に本気で取り組んだことのない者が浅瀬でジャブジャブと遊んでいるようなものです。

たとえば、国の形をどういうものにするかという憲法論議でも、一神教はダメという考え方が国会議員の中に蔓延しているのです。私の所属している民主党の中もそんな感じです。教育基本法でも宗教に対する寛容性が前面に出されていて、突っ込んだ議論はされていません。

でも、宗教って本当は厳しいものなのですよ。宗教の名によって戦うこともあるし、命を捨てることもある。中東のみならず、あちこちで戦っています。そういうものが宗教なのだけども、それは厭だ、日本のような曖昧さ、寛容さを大切にしたほうがいいのではないか、ということが、ある種、この国の形になりつつある。憲法論議にもその意識が反映されています。

憲法というのは、「この国をどうイメージするか」ということですから、しっかり議論しなければいけないのですけれど、宗教と同じように曖昧なままにしておこうとするわけです。

「あんたね、そんなことを諸外国で言ったらバカにされるよ。宗教を持ってないと言ったら、人間でないと言っているようなもの。外国ではそう受け取られるんですよ」と、周りの政治家たちに言っているのですが、なかなか理解してもらえませんね。

たとえば臓器移植法のときなどは、直接的に生命観や宗教観や人生観が問われるわけですが、そういうことを普段、突き詰めて考えていないから、みんなわからない。本来なら、それぞれ違った生命観、倫理観、宗教観をすり合わせて、日本全体をどうしたらいいのだろうかという議論をしなければいけないと私は思うのですが、今やっているのはそうではなく、表面づらをつついているだけで、問題の奥にあるのは何かという議論をしない。それでは、日本の行くべき方向性を正しく指し示すことなんかできませんよ。

ボスニア・ヘルツェゴビナで見たマザー・テレサの葬儀

土肥　私は、好んで紛争地域に行くようにしているんです。ボスニア・ヘルツェゴビナ、クロアチア、あの辺りへも一人で行きました。一応、紛争が収まって三年くらいたったときでしたが、タクシーに乗っても、「ここまではイスラム圏だからオーケーだけど、この先は民族が違うからノーだ。降りてくれ」と言うんですよ。「そんなこと言わないで、このまま走ってくれよ」「とんでもありません」と断られました。

そんな状況のときに行ったのですが、町全体が瓦礫の山になっていて、そんな中にポツンと残された小さな安ホテルに泊まったんです。そして、部屋のテレビをつけたら、マザー・テレサの葬儀をやっていたのです。

マザー・テレサはカトリックの尼さんで、何ひとつ私物を持たずにインドに来て、死に行く人びとを抱きながら見送った人ですよね。それは単に愛の行為というよりも、信念です。つまり信仰です。信念で本気になったらあれだけのことができて、たくさんの人たちが尊敬し、感謝の心で見送る。その感動的な光景をボスニアのホテルの部屋で、一人で見たわけです。

では、ここはいったい、どうなっているのか。かつての旧ユーゴ時代はみんな仲よく暮らしていて、イスラム教徒とセルビア人とが結婚し、あたたかい家庭をつくっていたんです。ところが、それがまるでウソのように、今では殺し合いの連続。それも、いつ果てるかもわからないまま続いているわけですよ。これはいったいどういうことなんだ、と考えさせられましたね。

宗教者は政治を警戒せよ

土肥　私の結論は、やはり政治なのですよ。政治家の権力争いなんです。権力争いに宗教が利用されているのです。いったんそうなると、人は非常に先鋭的になり、宗教という名において、徹底して殺せるようになるわけです。だから、宗教側の人間は、利用されやすいということをきちんと認識して、極力、利用されないように自らを確立しなければいけない。

日本も、曖昧な状況の中で、実は政治家は宗教を利用しているのです。

かく言う私自身、クリスチャンであり、同時に政治家でもあるわけですが、その点だけはいつも心にとめております。もし、それを忘れるようなことがあったら、ボスニア・ヘルツェゴビナのような悲惨な状況に陥ってしまうこともなしとは言えない。日本人は宗教

的に寛容というか、無信仰に近いから、あそこまで行くとは考えにくいですけれどね。

心の教育は喫緊の課題

……　日本人は宗教に対していい意味で寛容というか、非常におおらかです。だけど、それを裏返すといい加減になります。そのいい加減な部分が極端に出てくると、今日のような犯罪が多発する状況になってしまうのではないかと思うのですが、それについてはどのようにお考えですか。

土肥　やはり宗教教育とか、心の教育とか、そういうものがあまりにも足りないと思います。心に関する学習などは、ほとんどしていないのではないでしょうか。心の問題をまともに取り上げようと思ったら、親も大変ですし、学校の教師だってわかっていませんからね。

その心の教育の入り口はやっぱり宗教です。でも、日本では宗教がない。だから出発点がないのですね。

私どものことを言いますと、絶えず聖書を読み、聖書から学び、自分の生活と聖書をいかに統一するか、させるか、これがキリスト教の最大の課題なんです。聖書のメッセージにどれだけ応えられるのか、聖書のメッセージに従って生きていけるのか、これを繰り返し繰り返しやるわけです。

日本の宗教を見渡すと、日曜日ごとに礼拝に出ているのは、おそらくキリスト教だけでしょうね。仏教では、功徳日などと言って、この日にお参りしたら九百九十九回お参りしたことになる日があったりする。まあ合理的といえば合理的ですけれど、キリスト教の場合は、よほど不信心に悩まされてきたのではないかと思えるほど、日曜礼拝はきちんと守らせています。

日曜日以外でも、今日は聖書のこの箇所を読みなさいと、ちゃんと聖書に基づいた日課がありまして、そこには小さく解説があって、「困っていること、悩んでいること、あるいは、国や社会の問題について、今から具体的にお祈りをしなさい」というようになっているのです。

心というものは、それくらい訓練しないとモノにならない。にもかかわらず、日本では放ったらかしにしている。しかも、言うなれば無宗教的な社会ですから、一人ひとりの価値観で生きる以外ない。子どもは子ども、親は親。みなそれぞれの価値観で生きている。

だから「なぜ、人を殺しちゃいけないの？」なんて平然と言う子まで出てくる。

親のほうも、そんな訓練を受けていないから、おかしなことが起きてくる。昔は子どもを残すと不憫だとか何とか言って、親子で心中しましたけれど、いまは子どもだけ死んで、母親が残ったりする。あるいは、逆に子どもが平気で大人を刺し殺したりする。やはり人間、何か基準がなければ生きていけないですよ。

根底が揺らいでいるのに、人生観を持てと言っても無理だし、親が揺らいでいるのに子どもに「しっかりしろ！」と言ったって、しっかりするわけがない。だから、昔では考えられなかったようなことが頻発《ひんぱつ》しているのも、当たり前といえば当たり前のことなんですね。

私は、心の問題、心の教育に早急に取り組む必要があると考えているのですが、それを一番考えているのは宗教です。凝り固まった宗教ではなくて、心を見つめている人たち、本当の意味で宗教を理解している人たちが、まだ心を見つめきれていない小学生・中学生にどうやって語りかけていくか、教育していくか。小中学生だけではありません。親にも語りかけていかなければいけない。

もっと深く死を考えよう

……何かいい方法はないのでしょうか。

土肥　私ごとになりますが、実は、クリスマスのときに、「クリスマスの会を家庭で持ちましょう」という小さなパンフレットをつくって、配ろうかと考えているんですよ。ケーキ屋さんに置いて、ケーキを買いに来る人に手渡してもらおうと、今年からぜひやろうと思っているのです。

クリスマス会は何も、キリスト教式でなくてもいいのです。お父さん、この日だけは少し早めに帰って、家族全員で「きよしこの夜」を歌い、キリスト生誕の本を読みましょう。そして、家族みんなが仲よく暮らし、世界が平和になるよう願いましょう。祈りましょうと言わなくて、願いましょうと言うだけでいいのです。

そういうものを早くやらなければならない。折りたたみの「家族の祈り」といったカード一枚あれば、十分ですからね。

それからもう一つ、葬式を考えています。いまの葬儀で、亡くなった方本人の生きざまというか、どういう生き方をしてきたのかということをトータルに考えてやっている葬儀はまずない。見送るだけですよね。だけど、葬儀とは本来、亡くなったご本人の人生を振り返るときなのです。

たとえば葬儀のときにビデオを流してもいいのではないかと思います。結婚式ではよくやりますね、あれと同じように、葬儀会場でビデオを流したり、あるいは遺品を並べて、それにまつわる思い出をみんなで語るとか、そういうことをやってもいいのではないかと思うのですよ。

なぜ、そんなことが必要かというと、死の準備をしようということなのです。人間、無駄に死んではいけない。

この世に生まれてきたかぎり、誰でもみな死ぬのだから、ある程度の年齢になったら死の準備をし、人生を素晴らしく締めくくらなければいけない。

そのためにはまず、葬儀から考える。そうやって準備をしている間に、遺産の問題とか家族の問題を早めに片づけなさいという運動を起こそうと思ってるのです。

……それは重要なことですね。

土肥　死の準備をするということは、生を考え、死を考えることでもありますから、内面を深めることもできる。そういう人が一人でも増えれば、日本の社会も変わってくるでしょう。

あるべき宗教教育とは

……いまの日本に欠けている宗教的な情操教育をどうやって浸透させていったらいいのか、宗教者のお立場からお話しください。

土肥　これは教育基本法が関係してくる問題だと思いますが、いわゆる宗教学的なもの、仏教、キリスト教、イスラム教などの表面的な事柄は知識として教えることはできるでしょうが、とてもじゃないが、小学校の教師に宗教的な情操教育なんてできるわけない。

本当に心とか情操というところに入っていくと、テキストやら補助教本などで教えられるものじゃない。言わば、教師の全存在が問われるわけです。

以前にテレビで見たのですが、ある小学校の校長先生がガンに罹り、入院をしながらでも、最後まで学校に出てきて、生きるとはどういうことか、死とはどういうことなのか、といったことを子どもたちに教えるんです。子どもたちも、校長先生がもうすぐ死ぬことを知っている。だから真剣に聞く。ほかの教師たちもじっと耳を傾ける。これはまさに宗教教育です。つまり、死をかけたお話で、テキストじゃないわけです。

そのように、人生をかけた、生き様をかけたような人でないと、子どもたちに語りかけられないですよ。そういう人は、世の中にいっぱいいる。別に偉い人である必要もないし、宗教家である必要もない。本気になって生きてきた人、生と死をかけて生きてきた人なら、充分、子どもたちを感化し得ると思うのですよ。

もう一つの方法として、マザー・テレサなどの話をしてあげるのもいい。ガンジーの話でも、あるいはマーティン・ルーサー・キングなんかもいい。何も潔癖な人、清潔な人だけでなくてもいいのです。ルーサー・キングなんて、あちこちで浮気していますからね。でも、解放運動をやって、アメリカのアフリカ系住民に希望を与えたことは素晴らしいことですから、そういうところを評価し、子どもたちに伝えていく。

人生を誠実に生き抜いた人に関する本は何冊もあります。映画もありますから、教材にこと欠きません。そういう話をする中で、キリストの生涯、お釈迦様の生涯、あるいはマホメットの生涯を教えたらいいのではないか、そんなふうに思っております。

……人から学ぶということは大切ですね。

土肥　そういう材料を揃えなければいけないのですが、戦後六十年、宗教教育というお題目をあげていながら、一度もやったことがない。触ったこともない。そろそろこの辺りで本気になって考えなければいけませんね。

宗教人からのメッセージ

釋迦が説かれた法華経を実生活に活かし、神佛から守護される家庭作りを目指す在家の宗教団体・佛所護念会教団

「人の心が荒廃している現在社会は何が起こるか予想もつかず、科学の力をもってしても解決できないことはたくさん存在している。正しい人間の生き方、正しい物の考え方を実践していくことを通じ、神佛の加護をいただいて幸福な人生を送り、そういう家庭を増やして、良い世の中づくりに貢献していこうということが最大の願いであり、目的」

と説かれる佛所護念会教団会長・関口徳髙氏にお話をうかがった。

関口徳髙
佛所護念会教団会長

聞き手＝編集部

佛所護念会教団の創始者とその歴史

……　はじめに初歩的な質問ですが、教団の歴史について、教えてください。

関口　私ども佛所護念会教団は、昭和二十五年十月に、霊友会教団から離脱、独立した日蓮宗系の佛教教団です。

教団創始者である関口嘉一初代会長は、明治三十年一月十五日、新潟県北蒲原郡水原町（現・阿賀野市）で酒屋を営む関口家の長男として生を享《う》けました。明治四十四年三月に、水原町の安野尋常高等小学校を卒業し、その年の九月、満十四歳で上京。東京・神田錦町の銅鉄問屋に徴兵検査までの六年間という約束のもと年季奉公で働きました。年季が明け、いくばくかの貯金もできた大正六年の秋、徴兵検査で一時帰郷したのち、大志を抱いて北海道に渡りましたが、寒さのため体を害して、故郷にて三年間の療養生活をおくりました。

幸いに病気は快復し、健康を取り戻したものの、貯金を使い果たした初代会長は、年季奉公でお世話になった銅鉄問屋に窮状の手紙を認めて、信用だけで貨車一台分の亜鉛板を送ってもらい、トタン屋根葺きの請負などを始めました。わずかな貯えができたところで再び上京、今度は四谷の自転車店で修理の技術を学びました。

そうした中、大正十二年九月一日に関東大震災が発生し、被災した東京を目の当たりにして「今を措いて独立する時はない」と感じ、焼け野原で自転車修理をはじめ、これがあたったのです。その後、十二月八日に東京・神田橋に間口二間、奥行き二間半のバラックを建て、関口自転車店を開業しました。そして翌年一月、同じ新潟県水原町出身で小学校の後輩にあたる八歳年下のとみの（二代会長）と結婚しました。

昭和八年十月二十八日、妻・とみのが隣人のすすめで霊友会教団に入会し、その後、一年遅れで夫・嘉一も入会しました。二人は熱心に信仰活動を行い〝お導き〟と称する布教活動を行い、わずか三年ほどの間に二万世帯の入会を成し遂げました。昭和十一年には、霊友会創始者で「恩師」と呼ばれていた久保角太郎に熱心さを認められて第六支部長となり、久保角太郎直筆の「御旗《みはた》」を授与され、側近グループという意味もこめられた名誉ある「御旗組」に加えられました。信仰歴の浅い関口夫妻が御旗組に加えられたことは異例中の異例であったようでした。

　しかし昭和十九年十一月十八日、創始者・久保角太郎が亡くなると、その運営にも問題が生じはじめ、事件が相次ぎました。民主自由党の前国務大臣・山口喜久一郎を顧問に迎えて、関口嘉一は教団運営の再建に奔走しますが、周囲からは逆に疎まれるという結果となり、こうした動きに強い失望を感じた霊友会幹部たちは次々に脱退、独立して新教団を創立していきました。そして関口嘉一を長とする第六支部も脱退を決意し、昭和二十五年十月三十日、佛所護念会教団を設立したのです。

寄付・賽銭は一切なく
一世帯一カ月三百円の会費のみ

……教団の宗教活動として会員の方はどのようなことをなさるのですか

関口　佛所護念会は釋尊（お釋迦様）が晩年の八年間で説かれた法華経を実生活で正しく実践して、神佛から守護される家庭作りを目指し、そうした家庭を増やしていくことによって地域の安泰、国家の安泰に貢献していくことを目的とする宗教教団です。

　人心の荒廃が著しい現代社会は何が起こるか予想もつかず、科学の力をもってしても解決できないことがたくさん存在しています。しかしながら、こうした環境下であっても法華経を正しく実践し、正しい人間の生き方、正しい物の考え方をしていくことを通じ、神佛の加護をいただき、幸福な人生を送っていただくことは十分に可能であり、またそのように願って教団を運営しております。そして法華経により救われる家庭が増えることで神佛から守護される国にしていき、日蓮聖人がお唱えの「一天四《いってんし》海皆帰妙法《かいかいきみょうほう》」（全人類が法華経の教えに帰依すること）実現に向かっていくことが目標であります。

　信仰の取り組みについては、まず自宅で日々、法華経の経典を自らあげて（読誦）、先祖を供養することから始めていただいています。そして自分の悪い癖などを直しながら、平穏な家庭となるように努めていただいています。日常のお世話は、入会をすすめた方

(導きの親)や所属支部長などが信仰の手ほどきやアドバイスなどをします。ただ、法華経信仰の根本には「自助努力による解決」の考え方がありますので、自分のこと、家族のことは自分自身、家族全員で解決に向けて取り組んでいただいています。お陰さまで法華経を正しく実践することにより、人智では計りしれない不可思議な結果をいただいた会員は、枚挙にいとまがありません。

本部や教会、所属支部などでは「修養会」を毎月定期的に開催しており、会員は都合に合わせて自由に出席し、信仰に取り組む上での道標としていただいています。また会報『佛所護念』と若者向け青年部報『白金』というB5判八ページの新聞を毎月発行しており、修養会同様、信仰活動の道標としていただいています。会報も青年部報も会費に含まれていて無料配布です。

会費は現在、一世帯三百円(創立当初は十円)を頂戴していますが、寄付・賽銭は一切いただかずに、会費のみで運営してまいりました。その理由は、釋尊の教えに「利供養を貪ってはならない」との戒めがあり、それを厳密に守っているためです。わずかな会費でも節約しながら使いますと、会員が集う集会施設(教会)を建てることも可能で、これまでに国内十二カ所、海外一カ所に教会を建設してまいりました。

寄付・賽銭を一切頂戴しないことと関連して、当然ながら会員のお世話は会員が相互に手銭・手弁当で行い、謝礼などは一切頂戴することはありません。ただし、入会時に経巻、たすき、念珠、祖先鑑(一家に一冊)など、総額三千円ほどの佛具は買い求めていただいています。

……　教団創立以来、毎年新年の伊勢神宮参拝をされていますが、その意義をお聞かせください。

関口　佛教の宗教団体である当教団が、毎年新年に伊勢神宮を参拝いたしますのは、かつて日蓮聖人が立教開宗を宣言するにあたり、建長五年(一二五三年)、皇大神宮(内宮)の近くにあります「誓いの井戸」において水垢離《みずごり》をとられたのち、法華経をこの日本に広めることのお許しを願って伊勢神宮に参拝されたという故事に基づいています。教団創立時には会長以下十一名の幹部が伊勢神宮に詣で、教団設立と法華経の流布を奉告させていただきました。爾来《じらい》今日まで年末・年始に欠かすことなく代表十数名が参拝し、会員の代表五千五百名ほども毎年一月から三月にかけて順次参拝させていただいております。参拝では、教団の教えの柱である「天下泰平」と「五穀豊穣」、そして天皇様の御祖先・天照大神をお祀りしていますので、当然のことながら「ご皇室の弥栄《いやさか》」を祈念し、あわせて教団の教えを更に広めさせていただけるよう祈念させていただいております。

佛所護念会は、まず祖先に恥じることのないような生き方をする、ということを重視していますが、祖先を祀ることを大切にする姿勢は、大和民族共通の祖先神をお祀りする伊勢神宮を崇めることにもつながるわけです。日蓮聖人が神宮に参詣されたのも、佛教はあくまで外来の教えであり、それを日本に広めるには、この国の八百万の神の賛同を得なければならないとお考えになったことに源を発するわけです。日蓮聖人は『立正安国論』のなかで「まず国家を念じて、すべからく佛法を立つべし」と書きしるされており、神宮参拝の大義はこれに集約されていると思います。

伊勢神宮にお祀りされている天照大神は、先ほども申し上げたようにご皇室のご祖神であり、もともとは歴代の天皇様が皇居で直接お祀りしておられたわけです。それが今からおよそ二千年前、第十一代垂仁《すいにん》天皇さまの御代に伊勢の地にお祀りすることになり、千三百年前に現在の姿に整えられたようです。

ちなみに、教団がご本尊とさせていただいておりますお曼陀羅は、弘安四年（一二八一年）に第二次の蒙古軍襲来を予期された日蓮聖人が身延山中で国家の安泰を祈られ認められた「大日本国衛護のお曼陀羅」であります。このお曼陀羅は中央に「南無妙法蓮華経」のお題目が記されており、法華経に縁のある佛・菩薩・お弟子の方々が周囲に配されております。また、お題目の下には「天照大神」「八幡大菩薩」「聖天子金輪大王」と認められております。この「聖天子金輪大王」というのは、天皇の地位をお護りする神様といわれています。

……　伊勢神宮の御遷宮などに高額の奉賛をされてきましたが、その意義もお聞かせください。

関口　参拝の意義でも申し上げましたが、大和民族共通の祖先であり、ご皇室のご祖神である天照大神をお祀りしている伊勢神宮に対し、赤誠《せきせい》を奉賛させていただくことは日本人として当然の行いと思っております。教団では寄付・賽銭は一切頂戴しませんが、遷宮は神宮における大事な伝統・文化の継承行事でありますのでで、会員にその意義を説明して協力を募り、ご奉仕を申し上げてまいりました。第六十回、六十一回の式年遷宮における奉賛に加え、神宮司庁舎と神楽殿は建物ごと教団で寄贈させていただきました。こうした時には、専用の口座を新たに銀行に開き、一円の利子に至るまで集まったお金を口座ごと全額奉納させていただきましたので、最初は神宮のほうでも驚かれていました。

神宮へのご奉仕はご利益を求めて行ったものではないのですが、そのつど会員にたくさんの不可思議な現象を頂戴いたしましたので、神さまはすべてご覧になっておられると思っております。

善を行ずることによっていずれは施した善が自分に戻ってくる

……わかりました。伊勢神宮を参拝されてきて、何か感じられたことはありますか

関口　昭和三十六年四月（一九六一年）に初代会長が遷化《せんげ》され、跡を継がれた先代（二代）の会長先生が、初代会長の願解《がんほど》きに伊勢神宮をお参りした折、私がお供をいたしました。その時、内宮の御玉垣内の中、足元を見つめて歩いておりますと、石と石との間が紫色に光って見えました。前を歩かれる先代の会長先生にそっと声をかけ、そのことを申しますと「そうだね」と答えられました。

法華経の経典には「諸佛は紫金の色なり」あるいは「真金の色なり」とございますが、この時まさしく神佛の放たれる光彩を目の当たりにして、皇大神宮には、日本の国を司る大神さまが鎮座ましましておられると確信いたしました。

……伊勢神宮参拝の際、昭和天皇様のお姿を思い浮かべられるということですが、それはなぜなのでしょうか。

関口　今上陛下は、初代の神武天皇様から数えて第百二十五代にあたられます。日本のご皇室の歴史は今年で二千六百六十七年になりますが、連綿として万世一系の皇統を保持しています。畏れながらこの理由を考えますと、ひとえに天皇陛下のご人徳によるものと拝察申し上げております。私利私欲なく、常に世界の平和と国家の安泰、そして何よりも国民の幸せを第一に願われ、決して見返りを求めてこられなかったことで、

国民から崇敬を受けられてきたものと感じております。

私にとって忘れられないのは昭和天皇様のお姿です。先の大戦の敗戦によって打ち萎《しお》れる国民に直接お声をかけられるために、全国を隈なく行幸されて勇気付けられたこと。また、日本を統治するため来日したマッカーサー元帥を自らお訪ねになり「我が身はどうなってもよいが、国民が食料に窮しているので救ってほしい」と仰せになられたとのこと。この私心のない態度とお言葉にマッカーサー元帥は「魂まで震えた」と回顧されたと聞いております。

毎年、伊勢神宮をお参りするたびに陛下のことが思い出され、われわれ信仰者のあるべき姿のお手本をお示しになられていると受け止めております。佛の教えの根底にあるものは、一口で申せば「慈悲」でございます。慈悲とは、相手を思いやる深い心でございます。昭和天皇様のお姿・お心は、まさにこのことを国民にお示しになられていると感じております。それゆえ、国民全体の崇敬の的となって、今日まで万世一系の皇統が連綿と受け継がれてきたものと思っております。

経典のなかに佛の持つお力（神力）がでてまいります。その一つに「慈悲喜捨」というものがあります。これにはいろいろな解釈があると思いますが、私は「思いやりをかけても決して恩に着せない、見返りを求めないこと」と受け止めてまいりました。陛下のお姿は、まさにこの佛のお心と同じものと思っております。伊勢神宮の参拝には、こうしたことも学んでいくという意義も含まれていると考えています。


……秋篠宮家に第三番目の皇位継承権者となられる悠仁さまが誕生されましたが、教団として何かお祝いはされたのですか。

関口　ご皇室における男子の誕生は秋篠宮さま以来四十一年ぶりという慶事でありますので、教団として、サンケイ新聞の朝刊と夕刊フジに、悠仁様のお名前が決まる日を選んで、お祝いする意見広告を出しました。こうしたお祝い事にはお金を惜しむものではないと思っていますので、両紙とも全面カラーでお祝い申し上げました。会員も秋篠宮悠仁様のご誕生を大変喜んでおります。私たちはひたすら国家の安泰とともに自然な形の中で「親王様」が誕生され、ご皇室が永遠に弥栄でありますように祈念させていただきたいと思っております。

法華経によって混濁した現代社会を正していくことが大目標

……　次に教団の身延団体参拝について、その意義をお聞かせください。

関口　日蓮聖人のご遺文に「縦ひいづくにて死に候とも、九箇年の間心安く法華経を讀誦し奉り候山なれば、墓をば身延山に立てさせ給へ。未来際まで心は身延山に住むべく候」、また「日蓮が弟子・檀那等はこの山を本として参るべし。此則ち霊山の契りなり」とあり、このご遺言に沿って、教団創立時から毎年参拝を行なって参りました。団体で参拝しますので「団参」と称して、本年は二万二千名が参拝しました。参拝人数は年々着実に増えていますが、日蓮聖人が「一天四海皆帰妙法」を旗印にして、身命を惜しまず法華経の布教をされたお心や、荒廃の一途を辿る現代社会を思いますと、今後も新しい仲間を一人でも多く増やして身延にお連れする努力をしなければならないと思うものです。

身延団参では、法華経にご生涯をかけられた日蓮聖人の精神を学び、一年間のご守護のお礼と今後の精進をお誓いしてまいります。また、日蓮聖人が親孝行の手本を示された「孝心」をも学んでいただいております。

佛所護念会は日蓮宗に属するものではありませんが、日本で最初に法華経を説き広められた日蓮聖人を「先師」と仰ぎ、志を継承して在家において法華経を経典に副って忠実に実践し、法華経によって混濁した現代社会を正していくことを大目標としております。それ

ゆえ、毎年身延で日蓮聖人の御魂に触れ、心意気を感じさせていただいて、ひとり一人の存在は小さくとも、弛むことなく法華経の教えを広める努力を続けながら、現代社会が少しでもよくなるようにしていくことが、我々に課せられた大使命と思っております。

日蓮聖人のご生涯を学んでみますと、佛の説かれたすべての教え「一切経」を数度読まれていることがわかります。そして佛の出世の本願（佛が世に出られた本当の意味）は法華経を説くことにあると知り、日蓮聖人ご自身がその法華経を説く役であることを悟られます。佛の十号（十の尊称）の一つに「明行足《みようぎようそく》」という呼び方がありますが、その人がなされた仕事などを振り返ってみて、前身が明らかになることを意味しています。法華経・従地涌出品《じゆうじゆしゆうぼん》第十五に「上行、無辺行、浄行、安立行」の四大菩薩が末法の世に法華経を説く役であると説かれており、その経文とご自身の足跡を照らし合わせて、上行菩薩の再誕であることを悟られているのです。

また、日蓮聖人のご生涯は大難四度、小難数知れずと伝えられておりますが、ご自身は法華経・勧持品《かんじぼん》第十三に「法華経を唱え広めようとすると、さまざまな迫害を受ける」と説かれていることに更に確信を深められ、踊躍歓喜《ゆやくかんぎ》して法華経を広められたわけです。

こうした日蓮聖人のお心、行動などを学べば学ぶほど閑居してはいられなくなり、駆り立てられるように会員と一緒に身延にまいります。身延の地では日蓮聖人が、我々の往詣をお待ちであることをひしひしと感じます。それと同時に日蓮聖人の志を受け継いで、正しく法華経の教えを世の中に広めるよう期待されていることを実感いたします。

日蓮聖人のご在世とは異なり、ほぼ全国民が文字を読めるようになった現代では、我々は在家で教えを実践しておりますが、目指すところは日蓮聖人と同じで、法華経により国家の最小単位の家族・家庭に幸せがもたらされ、その喜びが波紋を描いて親戚、知人、周りの方々へと広がり、法華経の精神を携えた人が増えることで地域や国家が安泰になることと思っております。

……日蓮聖人、法華経の精神は、混迷する現代社会に何を教えていますか

関口　端的に申し上げれば、「人の心の歪み・狂い」を戒めているということです。それとともに、法華経の教えによってその歪み・狂いを正すことを示唆して

いると思います。

　世界各地で紛争が絶え間なく続き、天変地異による大規模災害や人間同士の凄惨な事故、事件などが引きも切らず起こっております。地球温暖化の影響か、異常気象も顕著で、日本国内では昨年（平成十八年）の春先から日照不足が続き、さらに局地的な豪雨による家屋の浸水や土砂災害、宮崎、北海道、沖縄に発生した竜巻などで大きな被害が出ました。国政は乱れ、教育は荒廃して、自分さえよければよいという「自己中心的な考え」を持った人が巷を席巻しています。犯罪は件数の増加もさることながら、犯罪者の低年齢化に歯止めがかからず、頻発する家族間の殺傷事件には目を覆うばかりです。加えていじめや経済苦などで自ら命を絶つ者のいかに多いことでしょうか。

　こうした現象は、佛教で言う「末法の時代」特有のものであり、人心の荒廃がその最大の原因であると思っています。

　釋尊の遺言ともいうべき言葉に「法華経の教えは末法の時代に説き、用いるべし。末法の人類の心の良薬として用いるべし」とございますが、まさに現代の荒廃ぶりを予言されたものと思います。

　また、こうした現代社会を見回しますと、日蓮聖人ご在世の時と時代背景が酷似しているようにも感じ、日蓮聖人が鎌倉幕府を諫言するために書かれた『立正安国論』のことが思い浮かんでまいります。『立正安国論』の冒頭には、次のように書かれています。

「旅客来りて嘆いて曰く、近年より近日に至るまで、天変・地妖・飢饉・疫癘遍く天下に満ち、広く地上に迸る。牛馬巷に斃れ、骸骨路に充てり。死を招くの輩既に大半を超え、之を悲しまざるの族敢て一人も無し。然る間或は利剣即是の文を専らとして、西土教主の名を唱へ、或は衆病悉除の願を恃みて、東方如来の経を誦し、或は病則消滅不老不死の詞を仰いで、法華真実の妙文を崇め、或は七難即滅七福即生の句を信じて、百座百講の儀を調へ、或は秘密真言の教に因りて、五瓶の水を灑ぎ、或は坐禅入定の儀を全うして、空観の月を澄し、若しくは七鬼神の号を書して千門に押し、若しくは五大力の形を圖して萬戸に懸け、若しくは天神地祇を拝して四覚四堺の祭祀を企て、若しくは萬民百姓を哀みて、國主國宰の徳政を行ふ。然りと雖も単肝膽を摧くのみにして、彌飢疫に逼る。乞客眼に溢れ、死人目に満てり。屍を臥せて観と為し、尸を竝べて橋と作す……」

日蓮聖人は『立正安国論』の中で、法然と、法然を擁護した鎌倉幕府を厳しく糾弾し、仁王経、薬師経などを引用して、念佛を捨てて法華経に帰依しなければ、さまざまな災難が襲いかかってくると諫言されておられます。『立正安国論』を拝読しますと、間違った教えに心酔する民衆と為政者とによって国が滅びていく様を憂い、何とか法華経によって救ってあげたいという日蓮聖人の慈悲のお心が伝わってくるように感じます。

……政治と宗教について、どう思いますか。

関口　信仰を政治に利用していくことは、憲法でも「政教分離」を謳っておりますので、筋道を外れた行為であると思います。本来、信仰は人を救うことに第一義がありますので、理想を申し上げれば、付帯的な事業もせず、ひたすら佛の教えを大衆に伝えていくことが肝要であると考えます。

高輪修徳塾を開塾。将来の教団を担い明るい社会の実現に貢献する人材育成

……若い人たちへの宗教教育・情操教育について、お考えを聞かせてください。

関口　私は常々、若い人たちの活躍に大きな期待を寄せています。そのため、これからの時代は「天下国家を論じられる」ような若者を育成していかなければならないと考えています。しかしながら、今の若者たちの理想を聞いていますと、どこか規模が小さいように感じます。自分の生活さえ安定していれば良しとする若者が多く、国の将来を担っていくといった遠大な発想があまりみられないのは、まったく残念なことです。

教団では若い人たちに、家庭・学校・職場における法華経の実践を通じて、社会や物事に対する正しい見方・考え方を学んでいただき、人格を磨いて神佛の守護を受けられる人となることを目指していただいております。信仰の目的そのものは一般会員と何ら変わるところはありませんが、若い世代には若い世代なりの抱えている問題や興味関心の対象があるものです。そうしたことから、教団では若い人たちを対象とした「青年部」「学生班」という活動の場を設け、それぞれに合わせた活動を行っております。

青年部では七項目からなる「青年部信条」を掲げ、

部員が日常生活や信仰活動を行う上での指針としていただいています。

一、私達は国を愛し祖先の遺徳と美風に感謝し、その高揚に努めましょう
一、私達は神佛を尊び祖先の供養を自らいたしましょう
一、私達は師と法の恩を忘れず進んで父母に孝養をつくしましょう
一、私達は大自然の恵みに感謝しすべてのものに慈しみの心を持ちましょう
一、私達は教養を高め常識を養いつねに礼儀をわきまえましょう
一、私達はお互いに悪いくせを直し人格の向上をはかりましょう
一、私達は正しい教えを広め明るい社会の建設に貢献いたしましょう

学生は、学業を通して技能や才覚を身に付け、将来それらを活かして社会に貢献していくための準備期間でありますので、やはり本分である勉学に励むことが最も大切と思います。そして進学や就職など、人生の分岐点に立った時、信仰を通じて自分に相応しい進学先、就職先に進むことができるよう取り組みを指導しています。

青年部については、信仰の実践を通じて職場や家庭における悩みや問題を解決していくとともに、自ら人格の向上を図る努力を行い、それぞれの分野で社会に貢献できるように取り組んでいただいています。

一般に、目標とする学校・会社への進学・就職を果たし、希望と理想を抱いて新たな環境に飛び込んだとしても、学級や職場における人間関係に心を悩ますなど、現実の厳しさに当面して進むべき方向を見失ってしまうことは少なくありません。また、結婚・出産・育児を通じて新たな家庭を築く上においても、結婚当初は予測もしなかったような夫婦間、親子間のトラブルなど、人智だけでは解決できない問題が発生してくることも考えられます。誰しも「できることなら、こうした悩みからは縁遠くありたい」と願っていることでしょう。それは神佛の加護があってこそ可能になることであり、若い時分から信仰に取り組む、すなわち若い人たちが法華経の教えを実践することの意義はそこにあると思っています。

人間の営みは、社会との関係を持たずには成り立ち

えません。人と人との巡り合わせがいかに人生を左右するかは言を俟《ま》たないところでありましょう。良縁の人との巡り合いは、何よりも自らが人としての品性を備えていくことから始まると考えております。信仰においては、先祖供養により先祖や両親、目上の人などに対する尊敬の念を養い、また物事に対する感謝の気持ちや、人に対する思いやりの心を培うことができます。その結果、学校では良い縁の教師や友人、会社では良い縁の上司や同僚に恵まれ、良い縁の伴侶を得、そして良い縁の子供を授けていただくことは十分に可能であります。人間関係をめぐる不和は、良縁の者が集まることによって回避することができるのです。

そのように考えますと、子供の頃から信仰に接することがいかに大切かを理解することができると思います。とりわけ人生で最も感受性の強くなる思春期をどのような環境で過ごすかは非常に重要な問題でありまする。そうした学生が将来にわたって幸せな人生を送るためにも、また世の中に貢献しうる人材を育成するためにも、信仰と勉学の両面を育める環境を整備することが緊要であると感じ、平成十三年、都内近郊の大学・大学院に通う大学生を対象とした全寮制の高輪修徳塾を開塾しました。

塾生は、教団の教えに基づいた生活を心掛け、集団生活を通じて規律や調和の精神を、信仰活動を通じて人としての行き方を学びながら、自ら専攻する学問の習得に勤しんでおります。この塾生たちが将来いかなるところへ就職しても立派に通用する人材として、同年代の若者とは一味違う秀でた部分を身に付けられるよう育んであげたいと思っています。高輪修徳塾が開塾してまだ数年しか経っていませんが、卒塾生が少しずつさまざまな分野に入り始めています。彼らをはじめ、この信仰を携える若い世代の人たちが、これからの時代、より良い国家と社会の実現のために必ずや働いてくれるものと信じております。

REPORT

報告

世界宗教者平和会議
第8回 世界大会レポート
World Conference of Religions for Peace
8th World Assembly Kyoto 2006

京都から京都へ 1970~2006

From Kyoto to Kyoto, 1970-2006

ウイリアム・ヴェンドレイ
WILLIAM F.VENDLEY

WCRP国際委員会・事務総長

訳=大井 孝

一つの共通のアイデンティティと全人類のための福祉のための集団

ベトナム戦争が拡大していた当時、「世界宗教者平和会議」が一九七〇年に京都で初めて開かれ、三十一カ国から三百名以上が参加した。そのときの賢明な創立者たちは世界中の宗教者を共通の行動に向かって動員する計画を立てた。三十七年後の今日、「世界宗教者平和会議」の家族たちがこの神聖な歴史的な町に戻ることは意味深く妥当なことである。我々はこの会議の起源に戻り、我々の創成期の願望を再検討する。この間に世界中の紛争地で緊張と暴力が我々の心を悩ます残酷さで増大している。

「世界宗教者平和会議」はこれまで特定の顔の個人に関わるものでは決してなかった。従来以上に、さまざまな思想、知的資源、人間資本の世界的な市場の中で、我々は一つの共通のアイデンティティと全人類のための福祉のための集団としての願望を抱く。

加盟員の数の面で、「世界宗教者平和会議」は先回の一九九九年、ヨルダンのアンマンでの会議以来、年次の倍増を続けた。現在では急速に拡大する我々の世界のネットワークの中で、七十以上の国籍にわたり、四つの地域連合の諸宗教間協議会（ＩＲＣ）と諸組織、そして世界理事会を持っている。

世界理事会はすべての主要な宗教集団を代表して選出される五十名の指導者たちで構成される。加盟の諸宗教組織の中で千の宗教組織の女性の連絡網が上記の全体構造の中で不可欠な一部となっている。各組織は独自性を保ちながら「世界宗教者平和会議」に加盟している。

前回の我々の一九九九年の会議の当時、世界はそれ以前の状態とはまったく異なっており、多くの面で世界には楽観主義が広まっていた。冷戦は終結し、各地での小規模の戦争状態にも改善が見られていた。さらに中近東の平和にも大きな希望が生まれていた。しかし、今日では、特に二〇〇一年九月十一日の事件の余波の中で、我々の直面する諸問題はますます増大し、さらに多くの点でさらに悲惨なものになりつつある。

しかし「世界宗教者平和会議」はこれまで世界中で膨大な紛争と対処不可能に見える問題のさまざまな領域で優れた成果を実現してきた。我々はこのような困難の機会を捉えてそれを我々の共通の諸目標に向けてのさらに偉大な行動のために利用してきた。世界にはいまだに暴力が広く存在する。しかし我々が個人として、また国民として我々の共通の安全のために共同の責任を果たすことが相互の利益に資することになる。

地球規模の行動者として活動する

「世界宗教者平和会議」は五つの主要な分野で地球規模の行動者として活動してきた。

紛争の解決
HIV・エイズと児童
軍縮と安全
開発
危機への対応

紛争の解決

＊南東ヨーロッパ

二〇〇四年のコソボの紛争は十九名の死者、数千名の避難民、多数の宗教施設などという破壊の結果をもたらした。これに対応するため、「世界宗教者平和会議」の加盟組織である欧州宗教指導者協議会（ＥＣＲＬ）が代表団を二〇〇四年五月にベルグラードに、また四月にプリスチナにそれぞれ送った。同代表団は現地の宗教指導者たちと会談し、セルビア人とアルバニア人の間の緊張緩和に努めた。多数の宗教団体の指導者たちで構成されるＥＣＲＬは、一九九九年の公式な紛争の終結以後の最悪の事件であったその暴力紛争を非難し、モスレム、ロシア正教、カトリックの教徒の指導者たちに支援を行った。ＥＣＲＬはすべての市民に、暴力を排除して持続的な平和構築のために結束することを呼びかけた。

さらに、宗教団体相互間の協力の発展の中で一つの重要な里程標が、二〇〇五年十一月、アルバニアのティラナでの南東欧州宗教団体ネットワーク（ＳＥＥＮ）の第二回会議で確認された。そこでの主題は「地域協力を通しての平和と安定の推進」であった。五十名以上の高位の宗教指導者たちや代表がアルバニア、ボスニア・ヘルツェゴビナ、セルビア、モンテネグロ、コソボ、マケドニアからその会議に参加した。同会議で、参加の宗教指導者たちは、互いの経験を分かち合い、同地域での平和と安定の構築のために宗教組織の役割を強化するための合同の戦略開発を行った。ECRLは政府が同地域の宗教施設を再建することを支援した。さらに宗教指導者たちは毎週のラジオ番組やその他のメディアに登場して人々との間の宗教的な対話を推進した。最後に、ボスニアとコソボで宗教指導者たちは各国政府と協力して、公共生活の中に宗教的な表現を復元するための新政策を施行させた。

＊スーダン

二〇〇四年に「世界宗教者平和会議」は国連の外交官たちと協力して国際的行動を起こし、ダルフールのスーダン人たちやチャドの難民キャンプに逃れた人たちのさらなる死亡を防ごうと努めた。平和会議はまた同地での大量殺戮の停止と難民への支援を呼びかけた。同会議は加盟団体である「宗教指導者アフリカ協議会」（ACRL）との協力で二〇〇五年十二月にハルツムへの連帯のための訪問を主催し、平和と国家建設の過程に宗教指導者を関与させることに努めた。

この行動の目的は同地での内戦の期間中に北部と南部の宗教指導者たちによる異宗教相互間の行動を構築し、強化し、連携させることにあった。

その次の会議はここ京都で第八回世界大会として行われるが、そこではスーダンの北部と南部からの宗教指導者たちが初めて個人的に会談する機会を提供することになる。

＊西アフリカ

「世界宗教者平和会議」はリベリアの十四年間にわたる内戦の解決に基軸的役割を果たした。そのことは多数の宗教団体間の協力の証左である。政府、反乱勢力、西アフリカ諸国経済共同体（ECOWAS）の相互会談の実現を容易にさせた点で、同平和会議は一つの基本的に重要な力であった。同平和会議はこれらの諸当事者たちが正式な交渉に向かうために不可欠な段階的前進を助けた。

一九九九年に「世界宗教者平和会議」はリベリアに存在していた異宗教間の協議会と連携して、IRCL

を設立した。重要な活動機関の一つとして、この新協議会は、二〇〇三年八月にガーナのアックラで総合平和協定の成立を調停し、リベリアの危機を改善した。リベリアの協議会設立以来、同協議会は常に建設的な姿勢で他の地元の協議会と協力して紛争防止と持続的平和構築のための発議を行っている。現行のコートジボワールでの危機に対応して、現地の宗教指導者たちは「世界宗教者平和会議」に彼らの多宗教組織NCR－CIの強化のための支援をも要請した。それは現状に対する平和的な解決のための前向きな変革を主張し、その解決のために策定される諸計画を実行するためであった。

「世界宗教者平和会議」は諸国内のIRCが国内で持つ潜在力を地域の次元で連携させることによってそれを活用してきた。二〇〇一年以来、「世界宗教者平和会議」は西アフリカの高位宗教指導者たちを四半期ごとの地域協議会に招請している。それらの会議の結果、西アフリカ宗教間調整委員会（WAIRCC）が誕生した。これはIRCG、IRCL、IRCSL、NFR－CIの宗教指導者たちによって構成される。この委員会はグループとしての最初の行動を、同地域内での平和、和解、安全に関する共同行動の宣言書の起草と調印を行うことで示した。

この委員会は西アフリカの平和、安定、安全の前進のための地域的な発議を支援するための宗教団体相互間のネットワークとして機能する。「世界宗教者平和会議」はWAIRCCのための研修に便宜を図り、同団体が　次のような活動のための支援運動や発議に参加を継続することを助ける。すなわち、和平交渉、人権擁護、難民と自国内で居住の場を失った人々の救済、子どもの安全、紛争対応チームへの授権、小火器の所有制限などである。このグループはまた連帯強化のための訪問を近隣の紛争の被害を受ける国々に行い、国境を越えて、さまざまな宗教団体を支援するために行動する。たとえば、危機の間に紛争解決の努力に関して技術支援が必要となる場合などに行動する。

＊エチオピア・エリトリア

「世界宗教者平和会議」は紛争地域での平和探求という共通の行動の中で八人の宗教団体の指導者たちによる多宗教会議実現の地ならしをした。その八人は五回会合し、書面で和平を自国民、各国家元首、国連事務総長アナン氏（当時）に訴えた。さらに彼らは「共同の生存のための共有する道徳的責任に関する」声明文をエチオピア・エリトリアの宗教指導者たちのために二〇〇〇年の七月に発表した。そしてエチオピアとエリトリアの間の包括的・永続的諸問題解決のための合同アッピールを発表した。

＊中近東

「世界宗教者平和会議」はエルサレムと聖地における異宗教間の協力の過程を前進させるために二〇〇二年に行動を起こした。その時、モスレム、ユダヤ、キリスト教のそれぞれの指導者たちがパレスチナやイスラエルから参集し、平和のための共通の懸念を取り上げ、継続的協力の方法を論じた。この会議の結果がアレキサンドリアでの宣言の中に集大成された。その中で、異宗教の集団が誓約したことは、こうであった。「互いに隣人として生活し、互いの歴史的宗教的遺産の保全を尊重することに努める。我々は相手に対するあらゆる煽動、憎悪、偏見に反対する」。

ＨＩＶ・エイズと児童

ＨＩＶ・エイズは依然として手強い世界規模の災厄である。四千万以上の人がこの病気にかかり、二〇〇五年のみでも五百万人が死亡し、三百万以上が新たに罹患している。ＨＩＶ患者の七〇％以上がアフリカにおり、同大陸ではエイズによって千五百万の児童のうちの圧倒的多数が孤児になっているかまたは悲惨な状態に陥っている。

我々の「世界宗教者平和会議」に加盟しているアフリカ十カ国の各国内異宗教間協議会が積極的な施策でエイズ問題に取り組んできた。そして我々は彼らの同問題への対応力の強化のために連携体制を作ってきた。ＵＮＩＣＥＦ、ノルウェー政府、「アフリカ児童のための希望の発議」と共に、「宗教者平和会議」のネットワークは各地の宗教指導者たちがエイズに関して民衆の啓蒙や偏見の除去を行うことを支援してきた。またエイズに冒された児童や家族に看護を与える地元の宗教団体を支援してきた。

過去四年間に、我々は合計で二千名以上の宗教指導者に訓練を行った。我々の組織に加盟している複数の異宗教間協議会は五百以上の各地の宗教団体に少額の補助金を与えてきた。これらの協議会を通して、我々は直接間接に十万人以上の児童の生活に関与してきた。

二〇〇四年の十一月に「世界宗教者平和会議」はUNICEFと連携して、HIV・エイズに関する南アジア異宗教間協議会の開会を支援した。同地域の多様な宗教を代表した参加して宗教指導者たちはHIV・エイズの問題に関して南アジアで地域社会を動員することを約束した。参加者はインド、パキスタン、バングラデッシュ、ブータン、ネパール、スリランカ、アフガニスタン、モルジブからであった。彼らは宗教指導者たちの特異な役割と社会的貢献を強調し、その会議で統一の認識と行動のための枠組み作りを行った。

軍縮と安全

「世界宗教者平和会議」は核兵器拡散の防止に努力を継続している。国連では直接に百九十一の加盟国に対して、「宗教者平和会議」は効果的な核兵器拡散防止制度への支援を要求した。この行動の時期は二〇〇五年七月の国連での核拡散防止問題の重要な検討会議と同時期であった。

開発

「国連の千年紀キャンペーン」と連携して、「世界宗教者平和会議」は二〇〇五年に異宗教団体相互間の協力体制により、「千年紀開発目標」（ＭＤＧｓ）を宗教者たちに周知させるための資料を作成した。それによって宗教団体が積極的に同国連活動に参加できるための方法や実例を提示した。この資料集「行動における信念：千年紀開発目標に向かって：宗教指導者と宗教団体のための行動資料」は当初は英語圏のアフリカ諸国の異宗教間協議会とその会員のために考案されたものであった。その後それは仏、アラブ、スペイン各語に翻訳され、アフリカ、中近東、中南米の他の地域でも使用された。次にはこの資料集をアジア向けに改定する予定である。

危機への対応

「宗教者平和会議」は危機、自然災害、公衆衛生上の緊急事態などの場合に世界中で初期対応のできる特異な地位にいる。

＊2001年9月11日

あのニューヨークとワシントンでの悲劇的な攻撃は異宗教間の対話、理解、行動の基本的な必要性を、前例を見ない程度にまで示した。「宗教者平和会議」の反応は迅速で効果的であった。事件の数週間後に、あの攻撃のあった世界貿易センターの近くで、「宗教者平和会議」は三十カ国から百二十五名の宗教指導者を集めてシンポジウムを開いた。その主題は「テロの拒否、正義による平和の推進：宗教は応える」であった。その直後に、「宗教者平和会議」はニューヨークの聖ジョン大教会で集会を開いた。そこでは元イラン大統領のモハメッド・ハタミ氏が基調講演を行った。

＊アフガニスタン

さらに、9・11事件の後に、「宗教者平和会議」は被害者たちに実質的な支援活動を行った。すなわち「宗教者平和会議」は百万ドルを国連に寄贈し、アフガニスタンの難民救済と世界貿易センターの攻撃の最も悲惨な被害者の救済を支援した。

＊イラク

米国が軍事行動を起こす前に、「宗教者平和会議」はイラクの高位の宗教指導者たちと協議し、多宗教間の協力の準備のための協議を始めていた。

二〇〇三年五月、バグダッドの陥落後、数週間たって、「宗教者平和会議」はヨルダンのアンマンでイラクの高位の宗教指導者たちの最初の会議を招集した。この第1回目の積極的介入以来、六回の協議が行われている。最近のものは二〇〇六年三月にロンドンで行われた。イラクの状況が悪化するにつれて、イラクの国外にイラクの宗教指導者たちを集合させることで重要なコミュニケーションの回路を維持することを助けた。さらに「宗教者平和会議」はイラクの現地に連絡要員を置き、宗教指導者相互間の連絡や人道的プロジェクトの支援を行っている。例えば、二十五名の医師が韓国に行って先進の外科医療訓練を受ける（戦争で負傷する子どもの治療の場合に特に死活的に重要となる外科技術の習得）など。これらの努力の規模は小さなものに見えるかもしれない。しかしそれは大きな象徴的な価値を持ち信頼の再醸成に大きく貢献する。

再び京都へ

「宗教者平和会議」はさまざまな宗教と信仰の共同体こそが、宗教を通して正当化されようとするさまざまな戦争の解決のための方程式の中で不可欠な部分になるべきだと強調する。その故に、同会議は二〇〇六年八月二十六日～二十九日に、日本の京都、すなわちその発祥の地に戻ってその第八回の総会を開催した。約百カ国からの八百名以上の宗教指導者たちが参加し、それぞれの国内での暴力に対決するための具体的な戦略を案出した。総会参加の代表者たちの中には仏教徒、キリスト教徒、ヒンズー教徒、ジャイナ教徒、ユダヤ教徒、モスレム教徒、シーク教徒、神道信者、ゾロアスター教徒、その他、地方特有の宗教の指導者たちがいた。彼らは七十以上の国や地域の異宗教間協議会やグループの加盟する「宗教者平和会議」のネットワークに属するものであった。

京都は一九七〇年に「宗教者平和会議」の最初の世界総会が開かれた場所であった。

我々の主要な達成結果は以下のものであった。

暴力との対決

代表者たちは「宗教が暴力の正当化や口実に悪用される場合には何時でも、自分たちの社会の中での暴力に対決する」ことを誓った。一つの主要な側面は「共有する安全」の概念を推進することであった。すなわちそこではすべての社会のすべての分野で人々が共通の弱体性を認識し、それに対処するために集団責任を負うということである。二十個の取るべき手段が列挙された。それによって宗教指導者、各国政府、国際機関、企業などが暴力に対処し、教育、連携によって共通の安全を推進するというものである。

一体性の確立――イラク、スリランカ、スーダン、中近東

総会は世界の最も困難な紛争地域から来た代表たちが彼らの国内の宗派的紛争について非公開で会合し、率直に話し合いをするための安全な場所を提供した。特に、イラクの宗教指導者たちは次のように宣言した。「ここでは今日誰も暴力を受け入れていない。シーア派も、スンニ派も、クルド族も、キリスト教徒も。ここでの指導者たちは例外なく真剣に平和を望む。そしてイラクが安全で独立の国になることを願う。」さらに、中近東、イスラエル、パレスチナの代表団は重要な参加を行い、彼らの日常の議論を深め、会議の再招集のための基盤を構築した。

＊貧困対策

前述のように開発援助に関する資料集が国連の「千年紀開発目標」（ＭＤＧｓ）に向かう各宗教集団を支援するために作成された。その国連の目標は、最貧困の根絶、普遍的な初等教育の普及実現、男女平等の推進、児童の死亡率と飢餓の改善、ＨＩＶ・エイズやその他の疾病の撲滅、であった。この資料集は英語、フランス語、スペイン語、アラビア語で書かれ、「千年紀開発目標」を二〇一五年までに達成するために、宗教団体がこの目標についての人々の意識向上、その擁護、そのための訓練、積極的な行動などを助けるものである。

＊女性と若者の権利拡充

八月二十四日～二十五日の「平和のための女性会議」では六十五カ国からの四百名以上の参加者が閉会時に次の宣言を採択した。

「信仰を持つ女性たちはすべてが絶望的に見えるときに力と希望を与える」

八月二十一日～二十四日の「平和のための青年会議」では次の宣言が採択された。

「我々は希望を選ぶ。なぜならば希望のみが前進の道だから」

さらに世界総会の代表者たちは児童に対する暴力に反対する宣言を支持した。

それは宗教団体が児童に対する暴力と対決し、それぞれの社会で児童を守ることを約束させるものであった。さらに総会は最初のグリーリー賞（Greeley Prize）をリベリアの異宗教間協議会の女性部門に与えた。これは一つのネットワークで、宗教的寛容を推進し、性的暴力の防止のために集会し、ＨＩＶ・エイズに対する意識を高め、児童を擁護するものである。

総会は団体の相互関係の構築、経験の分有、今後の実現可能な行動計画の作成のために、女性と青年たちに前例のないほどの資金を提供した。

おわりに

我々の「世界宗教者平和会議」の義務であり、また理性的な、知識ある信仰者の市民団体でもある我々の義務は今日の最も悲惨な問題に対決すること、しかもそれに重要な影響を与えることである。今日の世界は一九九九年の我々の前回の総会以来、大規模な変化と想像を絶する混乱を、そして一九七〇年に我々が京都で最初に会合したときに比べればさらに大きな変化と混乱を体験してきた。

中近東、アフリカ、アジアなどの各地では、あまりにも多数の人間があまりにも十分に戦争の流血を、いかに戦争が人を殺し、傷つけ、破壊するかを、体験してきた。また開発途上国では、あまりにも多数の人間が貧困の重圧を、それがいかに人々を略奪し、成長を阻害し、また屈辱を与えるかをあまりにも十分に知っている。あまりにも多数の人間が、ＨＩＶ・エイズによる孤児を、あの病気がいかに多数の家族を消滅させたか、学校を空にしたか、またその罹患者たちに社会的烙印を押したかを、あまりにも十分に知っている。

しかし、我々はその解決法を知っている。答えは異宗教間の協力の中にある。我々にはそれができる。そして我々はそれを共同ですることができる。

比叡山・延暦寺

日本の聖地を訪ねて

第1回

日本仏教を代表する数多の高僧、名僧を輩出した比叡山・延暦寺

小森 賢 ノンフィクション・ライター（スケッチ＝筆者）

高野山、恐山とともに日本三大霊山のひとつとされる比叡山。その比叡山全体を寺域とする延暦寺は天台宗の総本山である。と同時に、法然、親鸞、道元、日蓮、一遍といった名僧、高僧を輩出するなど、日本仏教の総本山的な役割を果たしてきたお寺であり、日本のお寺の源流を遡るとほとんど比叡山・延暦寺に辿り着くと言われている。だったら、生きている間に一度は訪れるべきである。そう思って、小春日和に誘われるように比叡山・延暦寺に行ってきた。

延暦寺とは

延暦寺と言えば京都のお寺。だったら、京都から行くのが一番早い。そう思って、京都駅までのチケットを購入して新幹線に乗り込んだのだが、ガイドブックを見て驚いた。何と、延暦寺は京都のお寺ではなく、滋賀県のお寺なのだというのである。それまでずっと延暦寺＝京都のお寺と信じ込んできた不明を羞じるしかないが、筆者と同様に考えている人も少なくないのではないだろうか。

ガイドブックによると、延暦寺のある比叡山は京都府と滋賀県にまたがる山で、主峰は大比叡岳（八四八メートル）。その周囲には四明岳（八三九メートル）、水井山（七九四メートル）、三石岳（六七六メートル）があり、この南北一二キロメートルに連なる五つの峰を総称して比叡山と呼ぶ。昔は日枝、叡山、北嶺などとも呼ばれていたそうだが、京都府と滋賀県にまたがるこの比叡山の山頂から東側の斜面に点在する延暦寺の建物は滋賀県に属する。だから、延暦寺は京都ではなく滋賀県のお寺なのである。ちなみに、延暦寺という名の建物はなく、比叡山そのものが延暦寺なのであるという。

天台宗の開祖、伝教大師最澄

天台宗の総本山・延暦寺の開祖は、言わずと知れた伝教大師最澄であるが、最澄とはいかなる人物なのか。手元の資料には概略、次のように記されている。

最澄は、平安前期の僧で、七六七年（神護景雲元年）、滋賀郡古市郷（現在の大津市）で生まれた。俗名は三津首広野《みつのおびとひろの》。

十二歳のとき、近江国分寺に入り、行表《ぎょうひょう》の弟子となり、十四歳のときに国分寺僧補として得度して、名を最澄と改めた。十九歳のころ奈良・東大寺戒壇院で受戒したものの、腐敗堕落した奈良の仏教界に絶望して七八八年（延暦七年）、比叡山に登って草庵を結び、天台大師智顗《ちぎ》の『法華三大部』（「法華玄義」「法華文句」「摩訶止観」）の研究に没頭。同時に、現在の根本中堂の位置に薬師堂、文殊堂、経堂からなる小規模な寺院を建立し、一乗止観院と名づけた。ちなみに、この寺は比叡山寺とも呼ばれ、年号を取った「延暦寺」という寺号が嵯峨天皇から与えられたのは、最澄の死後、八二四年（弘仁十四年）のことである。

八〇四年（延暦二十三年）、最澄は還学生《げんがくしょう》、いまで言う短期海外留学生として遣唐使船で唐に渡り、天台教学・密教・禅・戒律の四つの教えを学び、日本に持ち帰った。

そして八〇五年（延暦二十四年）、桓武天皇の命によって京の鬼門（東北）を守る鎮護国家の祈禱場として調えられ、翌八〇六年（延暦二十五年）、最澄の天台宗は開宗が許される。かくして、日本天台宗は正式にスタートするのであるが、その後、約千二百年にわたって比叡山は脈々と法灯を継いできたばかりか、その間、鎌倉仏教の始祖といわれる法然、禅宗の栄西、浄土真宗の親鸞、日蓮宗の日蓮など、日本仏教を代表する数多の高僧、名僧を輩出したというのだから、比叡山延暦寺はまさに日本の仏教センター的な役割を果たしてきたと言っていいだろう。

気が遠くなるほど広大な寺域

前述したように、比叡山は京都府と滋賀県にまたがる標高八四八メートルの山であり、この山全体が延暦寺の寺域になっているというのだから驚きだ。これに関して、延暦寺が発行している冊子は次のように説明している。

「比叡山には延暦寺という単一の堂宇はありません。比叡山の全体が延暦寺であり、この山の自然、諸堂、そこで修行する人、訪れる人のすべてが一つの僧伽《そうぎや》（和合僧＝僧団）をかたちづくっているのです。これは、存在するものすべてのものに仏性を見出す、天台の一乗の精神を具現してかのようです」

僧伽だとか一乗の精神だとか、仏教に疎いわれわれ一般庶民には何のことだかよくわからないが、想像するに、「天台宗では寺に籠もって修行する坊さんだけでなく、一般庶民誰でも心がけ一つで成仏できると教えており、それを比叡山全体を寺域とすることで表現しているんですよ」ということなのだろう。

難しい話はともかく、南北一二キロメートルに連なる五峰全体を寺域にしているという話は、ケタ違いにでかい。たしか、大和の三輪大社も三輪山全体を神域にしているはずだが、スケールだけならこちらのほうが上かもしれない。弘法大師空海が開いた高野山はどうなのだろう。高野山もやはり、山全体を寺域としているのだろうか。機会があれば、いつか行ってみたいと思う。

ところで、延暦寺の寺域は、三塔（東塔・西塔・横《よ》川《かわ》）十六谷に分けられている。

最も早く開かれ、延暦寺発祥の地でもある東塔は、東・西・南・北・無動寺の五谷よりなり、一山の本堂である根本中堂を中心に、大講堂、戒壇院、文殊楼、法華総持院、浄土院（最澄の廟所）、無動寺などが並んでいる。

東塔より一キロメートルほど離れたところにある西塔は、東・北・南・北尾・南尾の五谷よりなり、釈迦堂を中心に、にない堂、椿堂、瑠璃堂、居士林などが点在する。

横川は、西塔よりさらに四キロメートル奥にあり、昔の面影を最もよく残していると言われている。般若・解脱・兜率《とそつ》・香芳・戒心・飯室の六谷よりなる西塔には、横川中堂（首楞厳院《しゅりょうごんいん》）を中心に、四季講堂、恵心院などがある。

東塔

入り口から国宝殿へ

さて、京都駅から小一時間バスに揺られると、東塔の入り口である延暦寺バスセンターに着く。ここは、京都市街と比叡山を結ぶバスのターミナルになっているだけでなく、東塔―西塔―横川―比叡山山頂を巡るシャトルバスの発着所でもある。そのため、休日ともなると多くの参詣者や観光客であふれ返るほどの賑わいを見せるそうだが、筆者が訪れたのは平日だったためか、十人ほどの観光客らしき人がシャトルバスを待っているだけで、いたって静かである。この静寂さが何とも心地よい。

それに何より凛とした空気がいい。暦の上では冬だというのに、京都市内にはやけに生暖かい風が流れていた。が、さすがにここは八〇〇メートル以上の高地だけあって、バスから降り立った刹那、ひんやりとした空気に包まれて、思わず厳かな気分になる。

ふと気がつけば、ここには門前の土産物店がない。大きな神社やお寺には、必ずと言っていいほど土産物店や露天商が列をなして、それはそれは賑やかなものだが、ここにはたった一軒、延暦寺の経営とおぼしき端整な店があるだけで、ほかには一軒もない。だから静かなのだ。

それにしてもなぜ、土産物店がないのだろう。山の上だから業者が敬遠しているのだろうか。それとも、山全体が寺域なので、出店が許されないのだろうか。理由はわからないが、とにかく閑静な門前は格別に気分がいい。

五百円ほどの拝観料を支払って境内に入ると、すぐ左に国宝殿がある。国宝殿とは、いわゆる資料館で、宗祖伝教大師の直筆をはじめ、仏像、仏画、美術工芸品、さらには考古学資料などが展示されている。

国宝殿を出て、緩やかな参道を登っていくと、両側に比叡山が輩出した親鸞や日蓮など名僧の姿絵や、伝教大師の生い立ちを説明した、やたらと大きなボードが立ち並んでいるのが目に飛び込んでくる。なかなかに立派な絵なので、説明書きとともにじっくり眺めていたい気分になるが、時間がないので先を急ぐ。

「山家学生式」に見る最澄の理想

両側のボードを眺めながら参道を登っていくと、突き当たりに「照于一隅、此則国寳（一隅を照らす、これすなわち国宝なり）」の石塔が立っている。この「一隅を照らす」という言葉は知っていたが、最澄の語った言葉だったとは知らなかった。聞けば、「一隅を照らす」は、最澄の「山家学生式《さんげがくしょうしき》」に見られる言葉だそうだ。

「山家学生式」とは、天台宗（山家）の学行をなす者が守らなければならない規則のことで、八一八年（弘仁九年）、最澄が嵯峨天皇に上奏した「山家学生式」の冒頭には次のように書かれている。

「国の宝とは何ものぞ、宝とは道心なり。道心ある人を名づけて国宝と為す。ゆえに古人いわく、径寸十枚、これ国宝にあらず、一隅を照らす、これすなわち国宝なり、と。古哲またいわく、よく言いて行なうこと能わざるは国の師なり、よく行ないて言うこと能わざるは国の用なり、よく行ないよく言うは国の宝なり。三品のうち、ただ言うこと能わず、行なうこと能わざるを国の賊と為す。すなわち道心あるの仏子、西には菩薩と称し、東には君子と号す。悪事を己に向かえ、好事を他に与え、己を忘れて他を利するは、慈悲の極みなり」

要するに、道心を持ち、なおかつ言行一致の人を国宝と言う、ということなのだろうが、言行不一致の筆者など、さしずめ国の賊であろう。それはともかく、「山家学生式」には、受戒した僧を十二年間、比叡山から一歩も外に出さず修行に専念させることも記されているから、比叡山を開くときの最澄の決意は並々な

らぬものであったはずだ。そして、結果的に法然、親鸞、栄西、道元、日蓮などの名僧、高僧がこの山から巣立っていき、日本仏教の基を築き上げたのだから、浄土院に眠っている最澄もさぞや満足しているに違いない。

大講堂

なだらかな参道を登りきった左手に大講堂がある。修行僧が経典の勉強をしたり問答をしたりする、学問修行の道場である。本尊に大日如来を祀り、法然、親鸞、栄西、道元、日蓮などの等身大の木造が安置されている。

現在の建物は、昭和三十一年に焼失後、山麓にあった讃仏堂を移築したものである。

「開運平和の鐘」

大講堂の前庭には「開運平和の鐘」と呼ばれる鐘楼があり、誰でも自由に鐘をつくことができることから、参拝者に親しまれている。筆者が訪れたときも、数名の参拝者が交互に鐘をつき合っていた。きっと開運を祈っていたのだろう。

しかし、この「開運平和の鐘」には悲劇の歴史が刻まれている。一五七一年（元亀二年）、織田信長は、岐阜と京都の中間地帯を本拠地とする浅井氏へ攻撃を仕掛けるにあたり、比叡山に中立を要請した。それに対して比叡山は、中立を守ることは有力な檀家である浅井氏への裏切りであるとして、これを拒否。信長の要請を突っぱねた。これに激怒した信長は九月十二日早朝、大軍を差し向け延暦寺を焼き討ちにするのだが、このとき異変を告げるために打ち鳴らされたのが、この鐘である。延暦寺ではこれを「元亀の法難」と呼んでいる。

根本中堂

鐘楼のそばの細い坂道を下り、休憩所などがある広場の左の石段を下ると根本中堂に至る。

根本中堂は、東塔の中堂であると同時に、比叡山全体の総本堂でもある。現在の建物は、三代将軍徳川家光の命によって一六四二年（寛永十九年）に復現されたもの。間口十一間、奥行六間の入母屋造りで、三方に回廊を巡らせてある。また、堂の中央には最澄自ら彫ったと伝える秘仏の薬師如来が祀られている。

深い森に囲まれた荘厳な堂内に足を踏み入れると、薄暗い中に開創以来千二百年もの間、灯しつづけられてきた「不滅の法灯」がゆらめいていて、非常に神秘的である。

延暦寺ではいまなお、この法灯の前で一日も欠かすことなく修法を営み、世界の平和と人々の平安を祈っているそうだが、筆者が訪れたときも、若い僧侶が一心にお経を上げていた。その姿を見た途端、自然と頭が垂れてきたから不思議だ。延暦寺はやはり、祈りの道場なのである。

戒壇院

根本中堂から大講堂に戻り、さらに奥に進んだところに戒壇院がある。

戒壇院は天台宗の僧侶が受戒する道場であり、延暦寺の中でも重要なお堂である。堂内には本尊の釈迦如来像と、僧形の文殊菩薩・弥勒菩薩が祀られているそうだが、普段は閉鎖されているので見ることができなかった。

ところで、最澄が「山家学生式」を著し、嵯峨天皇に上奏した一番の目的は、大乗戒壇の創設であったという。当時、僧侶になるためには具足戒を受けなければならなかったが、戒壇は全国に三カ所（奈良の東大寺、下野《しもすけ》の薬師寺、筑後の観音寺）しかなく、最澄は「山家学生式」の中で、新たに比叡山に戒壇を設け、そこで大乗の戒律で受戒できるよう求めた。

しかし、最澄の生存中にはこれは許されず、戒壇建立の勅許が下りたのは最澄入寂後であった。そして、第一世座主義真のときに創建されたのが、この戒壇院である。それほど重要な建物であるからオープンにしていないのかもしれないが、ぜひとも中を見てみたかった。

西塔

比叡山の自然

東塔から西塔へは距離にして一キロメートルほど。シャトルバスに乗ればほんのわずかな時間で着く。しかし、せっかく世界遺産に登録されている比叡山に来たのだから、山道を歩かない手はない。そう思って戒壇院の裏手から西塔に向かった。

歩き始めてまもなく、恐ろしく長い石段に遭遇。また、石段は石段でも下りだからいいか、と思ったのも束の間、両膝がガクガクと踊り始め、普段の運動不足を思い知らされた。

それにしても、比叡山の自然は美しい。葉を真っ赤に染めた紅葉が至るところに見られるし、野鳥の鳴き声も聞こえてくる。創建以来、仏教の教えに基づいて殺生が禁じられてきた比叡山は、山全体が天然記念物の指定を受けており、そのため自然動植物の天国になっていると聞いていたが、まさにそのとおり。参拝するしないは別として、ハイキングにはうってつけの山である。

浄土院

さて、長い石段を下り終わったところで、浄土院の建物が目に飛び込んできた。この浄土院は西塔に属するものかと思ったが、あとで調べたら東塔のお堂であった。

浄土院は最澄の廟所で、比叡山中で最も清浄な聖域とされている。八五四年（仁寿四年）七月、延暦寺三代座主慈覚大師・円仁がこの地に廟所を建立し、大師の遺骸を祀ったのが始まりである。

以来、最澄存命中と同じように、僧侶がずっと霊前に仕えているという。廟を守るその僧侶を待真と言い、待真には「十二年籠山」という修行が課せられ、十二年に及ぶ年月、最澄が生きているかのように仕えるのだという。

その内容がすごい。起床が三時で就寝は零時だというのだ。その間、読経をしたり、最澄への献膳をしたり、休む時間はほとんどないらしい。しかも、食事は献膳のお下がりで、一日二回しかないというのだから、想像を絶するほど過酷なものに違いない。

椿堂

浄土院から少し歩くと、西塔地区の椿堂がある。うかうかしていると見過ごしてしまいそうな、小さな堂である。それに、見た感じ、どことなく不気味な感じがする。

しかし、その名の由来を聞いて驚いた。聖徳太子が比叡山に登ったとき、手にしていた椿の木の杖を地面に差し置いたところ、芽を出して立派に育ったことから椿堂という名がついたとされているのだ。聖徳太子が生きていたころ、比叡山はすでに開かれていたのだろうか。

この椿堂では、常坐修行というのが行なわれるそうだ。常坐修行とは、九十日を一期として一日も休むことなく坐りつづける修行であるというが、絶えず腰の落ち着かない筆者には真似ごとすらできそうにない。

にない堂

椿堂をさらに進むと、渡り廊下でつながった二つの堂が見えてくる。正面に向かって左側が「常行堂」、右側が「法華堂」である。両堂を合わせて通称、にない堂と言う。

にない堂では「四種三昧行」という修行が行なわれるのだそうだ。四種三昧行というのは常坐、常行、半行半坐、非行非坐からなり、常坐は九十日間、食事とトイレ以外、一日も休むことなく座禅し続ける行。常行は九十日間、本尊阿弥陀如来の周りを歩き続ける行であるという。

これまた非常に過酷な修行である。こんなにもすごい修行をクリアしてきた天台宗のお坊さんは、本当に偉いと思う。

ところで、弁慶が渡り廊下を天秤棒にして両堂を担いだという伝説に基づいて、にない堂の呼び名が付けられたということだが、これまた驚きである。義経を支えた武蔵坊弁慶は、単に腕っぷしの強い破戒僧かと思っていたが、比叡山で修行をしていたというのだから、びっくりである。

釈迦堂

にない堂の渡り廊下の下をくぐって進んでいくと、石段の下に釈迦堂が見えてくる。

釈迦堂は、正式には転法輪堂と言い、お堂の内部の須弥壇《しゅみだん》上には、最澄自作と伝える清涼寺式釈迦立像が本尊として安置されている。

現在の建物は、信長の比叡山焼き討ち後、秀吉が圓城寺の弥勒堂を移したものであるという。この釈迦堂もやはり、信長に焼かれてしまったのだ。そこまで焼き尽くした信長の怒りはいかばかりであったのだろう。一度、信長に直に会って聞いてみたい気がする。

釈迦堂は、造りも雰囲気も根本中堂によく似ている。ただ、鬱蒼とした森に包まれている根本中堂に比べ、釈迦堂は日がよく差して明るい。そこがちょっと異なるところかもしれない。

西塔の次は横川である。が、残念ながら西塔を巡り、横川へたどり着いたところでタイムアップ。

比叡山延暦寺は非常に広大なお寺であった。そして、過去の遺物などでは決してなく、いまなお生き続ける修行の場であった。だからこそ、あの凛とした趣が感じられるのだろう。もう一度来てみたいと思うお寺は滅多にないが、延暦寺は別格。ぜひ、また訪れてみたいと思う。

『現代宗教評論』発刊にあたって

〝心の時代〟といわれている今日、民族や宗教間の争い、戦いが頻発し人類は多くの危機を抱えている。日本においても家庭や教育、社会のあらゆる面で問題が噴出し、むしろ心の荒廃の時代といえるのではないだろうか。それだけに二十一世紀の迫りくる危機の時代にこそ、宗教の果たす役割は大きいといえる。

日本は神道、仏教そしてキリスト教という大きな流れとともに新宗教が人々の心捉え発展してきた。あらゆる宗教を包含できる日本人こそ、この危機に光を当てる可能性を持っているのではないか。『現代宗教評論』は二十一世紀混迷の時代に宗教の果たす役割を、各宗教団体や関係者、学者などの声で訴えてゆきたい。そのため、どこかに偏ることなく、既存の仏教系、神道、キリスト教など、および新宗教関係教団や関係者、また著名人や研究者などの建設的な意見や考え方を、広く掲載してゆく方針で臨みたい。

こうした編集方針を理解いただき、取材や原稿のご依頼に際してはぜひご協力を賜りたい。今後の発刊予定については、第一号をもとに検討し、以降の方針を固める予定なのでご期待いただきたい。

『現代宗教評論』編集部

Quarterly Review of Contemporary Religions

現代宗教評論

1

現代宗教評論 創刊1号

発行日 2007年4月9日
編集人 「現代宗教評論」編集委員会
発行人 笹 節子
デザイン コミュニケーション アーツ株式会社
発行所 株式会社 たちばな出版
〒167-0053
東京都杉並区西荻南2-20-9
たちばな出版ビル
電話：03（5941）2341
FAX：03（5941）2348
ホームページ http://www.tachibana-inc.co.jp/
印刷所 慶昌堂印刷株式会社
ISBN978-4-8133-2032-6